编委会主任／葛晓燕　陈国庆　编委会副主任／苗生明　史卫忠

刑事检察工作指导

2024年第1辑·总第21辑

主　编／苗生明
主　办／最高人民检察院第一、二、三、四检察厅

中国检察出版社

图书在版编目（CIP）数据

刑事检察工作指导. 2024 年. 第 1 辑 / 苗生明主编. —北京：中国检察出版社，2024.5
ISBN 978-7-5102-3084-4

Ⅰ. ①刑⋯　Ⅱ. ①苗⋯　Ⅲ. ①刑事诉讼—研究—中国　Ⅳ. ① D925.204

中国国家版本馆 CIP 数据核字（2024）第 108277 号

刑事检察工作指导（2024 年第 1 辑）

苗生明　主编

责任编辑：王　欢
技术编辑：王英英
美术编辑：徐嘉武

出版发行：	中国检察出版社
社　　址：	北京市石景山区香山南路 109 号（100144）
网　　址：	中国检察出版社（www.zgjccbs.com）
编辑电话：	（010）86423780
发行电话：	（010）86423726　86423727　86423728
	（010）86423730　86423732
经　　销：	新华书店
印　　刷：	河北宝昌佳彩印刷有限公司
开　　本：	710 mm × 960 mm　16 开
印　　张：	13.5
字　　数：	161 千字
版　　次：	2024 年 5 月第一版　2024 年 5 月第一次印刷
书　　号：	ISBN 978-7-5102-3084-4
定　　价：	60.00 元

检察版图书，版权所有，侵权必究
如遇图书印装质量问题本社负责调换

《刑事检察工作指导》
编 委 会

编委会主任： 葛晓燕　陈国庆

编委会副主任： 苗生明　史卫忠

主　　　编： 苗生明

副　主　编： 元　明　张晓津

编　　　委： 罗庆东　周惠永　曹红虹　黄卫平
　　　　　　　张建忠　张庆彬　韩晓峰　张希靖
　　　　　　　陈　璇　王建平　胡春健　王　新

专家顾问：（按姓氏笔画排序）
　　　　　　　卞建林　龙宗智　曲新久　李玉华
　　　　　　　时延安　宋英辉　张明楷　张建伟
　　　　　　　陈卫东　陈兴良　陈瑞华　林　维

编辑部主任： 周　颖　纪丙学

执行编辑： 肖先华　高锋志　俞启泳　陈希君
　　　　　　　李　轩　王奕璇

编　　务： 刘怀远　褚肖伟

《刑事检察工作指导》特邀编辑

王　滨（北京）	刘致宏（天津）	范卫国（河北）
张彦丽（山西）	王红霞（内蒙古）	龙海英（辽宁）
张彦娥（吉林）	张　友（黑龙江）	欧阳昊（上海）
周绪平（江苏）	何德辉（浙江）	杜　薇（安徽）
李　峻（福建）	胡　燕（江西）	鲁统富（山东）
尚粉红（河南）	王　莉（湖北）	汪志勇（湖南）
战　捷（广东）	刘军辉（广西）	陈　翔（海南）
徐　燕（重庆）	林红宇（四川）	王红梅（贵州）
万　玮（云南）	王旭东（西藏）	吴　宏（陕西）
齐世萍（甘肃）	赖玉芳（青海）	张万顺（宁夏）
高　峰（新疆）	刘广鸣（军检）	颜　魁（兵团）

目　录

【本辑特稿】

构建以证据为中心的刑事指控体系　　　　　　　　　　　陈国庆 / 003

醉酒型危险驾驶的治罪与治理
　——兼论我国轻罪治理体系的完善　　　　　　　　　苗生明 / 009

【本辑聚焦】

坚持系统观念　运用多元规则　全方位构建以证据为
　中心的刑事指控体系　　　　　　　　　　　　　　　俞昕水 / 037

建立指控证据体系须用好三大证据规则　　　　　　　　　龙宗智 / 045

检察机关履行刑事指控责任的基本原理　　　　　　　　　王敏远 / 054

以证明标准为核心的刑事指控证据体系之构建　　　　　　熊秋红 / 062

【工作展望】

深化落实"高质效办好每一个案件"　推动普通犯罪检察
　工作提质增效　　　　　　　　　　　　　　　　　　罗庆东 / 073

奋力推进重罪检察工作高质量发展　　　　　　　　　　　元　明 / 080

为纵深推进反腐败斗争贡献检察力量　　　　　　　　　　史卫忠 / 087

以高质效检察履职更好服务经济高质量发展　　　　　　　张晓津 / 093

【典型案例】

最高人民检察院、国家外汇管理局印发惩治涉外汇
　　违法犯罪典型案例　　　　　　　　　　　　　　　　　/ 103

最高人民检察院、国家外汇管理局惩治涉外汇违法犯罪
　　典型案例解读　　　　　　　　张晓津　贝金欣　王　拓 / 140

【权威解读】

最高人民检察院关于充分发挥检察职能作用　依法服务
　　保障金融高质量发展的意见　　　　　　　　　　　　/ 155

《最高人民检察院关于充分发挥检察职能作用　依法服务
　　保障金融高质量发展的意见》主要情况说明　　葛晓燕 / 165

最高人民法院、最高人民检察院、公安部、司法部
　　关于办理醉酒危险驾驶刑事案件的意见　　　　　　　/ 169

《关于办理醉酒危险驾驶刑事案件的意见》的理解与适用
　　　　　　　　　　　　　　　　　　　曹红虹　杨先德 / 179

本辑特稿
Benji Tegao

构建以证据为中心的刑事指控体系

陈国庆[*]

为深入学习贯彻习近平总书记对政法工作的重要指示精神，全面贯彻落实党的二十大精神和中央政法工作会议、全国检察长会议决策部署，结合最高检《2023—2027年检察改革工作规划》，按照最高检党组和应勇检察长关于"高质效办好每一个案件"的部署和要求，要加强以证据为中心的刑事指控体系理论和实践问题的研究，推动构建以证据为中心的刑事指控体系，切实发挥好检察机关审前把关、过滤作用，确保将"努力让人民群众在每一个司法案件中感受到公平正义"落到实处。刚刚闭幕的中央政法工作会议明确要求构建以证据为中心的刑事指控体系，全国检察长会议也作了相应部署。要根据中央政法工作会议、全国检察长会议的要求，在深入研究实践的基础上，对这一体系的内涵、原则、证据的审查运用以及相关工作机制进行明确。

一、深刻认识构建以证据为中心的刑事指控体系的重要意义

（一）构建以证据为中心的刑事指控体系是推进以审判为中心的诉讼制度改革的重要举措

应勇检察长指出，刑事检察贯穿刑事诉讼全过程，在构建以证据为中心的刑事指控体系建设中担负主要责任。党的十八届四中全会以

---

[*] 陈国庆，最高人民检察院党组成员、副检察长。

来，刑事诉讼领域最重要的改革就是以审判为中心的诉讼制度改革。以审判为中心的实质是以庭审为中心，以庭审为中心的实质是以证据为中心。证据是整个刑事诉讼的基础，可以说刑事诉讼的过程就是用证据证明案件事实的过程。刑事诉讼从本质上讲就是对证据进行采集、运用和认定的过程。刑事指控作为连接侦查与审判的桥梁，在指控事实的建构、量刑建议的提出等方面都需要经法庭的证定，检察机关抓住构建以证据为中心的刑事指控体系建设，就牵住了"牛鼻子"。检察机关要充分发挥对证据的审查把关作用，准确建构证据体系和事实基础，协同推进以审判为中心的诉讼制度改革。

（二）构建以证据为中心的刑事指控体系是"高质效办好每一个案件"的基础保障

"高质效办好每一个案件"是新时代新征程检察履职办案的基本价值追求，通过检察履职办案，在实体上确保实现公平正义，在程序上让公平正义更好更快实现，在效果上让人民群众可感受、能感受、感受到公平正义，做到检察办案质量、效率、效果有机统一于公平正义。刑事检察集指控犯罪、诉讼监督、保障人权于一体，是检察机关最基本、最核心的业务，对"高质效办好每一个案件"的要求更加迫切。"以证据为中心的刑事指控体系"是刑事检察需着力推动构建的"三个体系"之一，居于基础地位。可以说，任何一个刑事案件的办理都是围绕证据展开的，对证据审查运用的好坏直接关系案件质量，构建以证据为中心的刑事指控体系是高质效办好每一个刑事案件的关键。

（三）构建以证据为中心的刑事指控体系是实现惩治犯罪与保障人权相统一的必然要求

检察机关作为国家的法律监督机关、国家监督体系的重要组成部分，各项检察职能内在统一于法律监督这一宪法法律赋予的根本职责，通过正确履行职能，确保国家法律统一正确实施。注重坚持客观公正立场，做到不偏不倚，靠事实、证据说话，既惩治犯罪、保障无罪的人不受刑事追究，又尊重和保障人权。最高检党组明确提出"以检察工作现代化服务中国式现代化"，要求锚定法律监督理念、体系、机制、能力现代化目标，重点在于法律监督体系现代化，从而进一步强化包括检察权运行制约监督在内的刑事诉讼制约监督体系，实现惩治犯罪与保障人权的统一。

二、准确把握构建以证据为中心的刑事指控体系的基本内涵

刑事证据的审查运用，无论在刑事诉讼理论研究，还是在司法实践中，都是重点、难点问题，存在诸多认识分歧。我们要坚持马克思主义的认识论，用辩证唯物主义和历史唯物主义的方法来研究证据问题，站在更高视角俯视、构建证据体系。检察机关办理刑事案件，要依法、全面、客观地收集、审查、核实和认定证据，强化证据合法性审查，综合运用证据形成证明体系，确保案件事实清楚，证据确实、充分，切实履行审前过滤把关、指控和证明犯罪的职责。

（一）坚持客观真实证明标准，体系化构建刑事证据规则

刑事指控体系要以建立体系化的证据规则为核心，在坚持客观真实证明标准的前提下提高刑事公诉的质效。一是全面准确把握刑事案件的证明标准。我国刑事诉讼的证明标准是"犯罪事实清楚，证据确实、充分"，包含了客观真实和排除合理怀疑正反两个方面的内容，体现了证明标准的主客观相统一原则，在司法活动中必须严格贯彻落实。二是强化证据合法性审查，严格落实非法证据排除规则。加强对侦查过程中证据收集合法性的审查，及时启动非法证据排除程序，进行调查核实，对于非法证据依法予以排除。区分轻微违法行为和瑕疵

行为收集的证据，通过补正或作出合理解释依法作出认定。三是重视证据体系构建，结合案件类型和证据特点，形成以办案逻辑为基础，以犯罪构成要件为核心，以证据种类为辅助，以证明体系为目标，进而形成逻辑严密、体系完善、目标明确的证据体系。四是发挥审前过滤把关作用，对于证据体系存在漏洞，不符合法定证明标准的案件，检察机关应当依法作出不起诉决定。

（二）突出全面性、亲历性，完善检察机关证据审查模式

刑事诉讼证据审查的基本逻辑是，以证据"三性"审查为出发点，以"定案根据"确认为落脚点，同时审查判断证明力，进而认定事实。在证据审查模式上，检察机关应当完善证据审查机制，转变证据审查方式，增强检察人员办案的亲历性，以符合诉讼规律的方法和模式强化证据审查。一方面，确立全面性审查模式。要全面审查各类证据，既要审查客观性证据，也要审查主观性证据；既要审查在案证据，也要注意审查发现不在案证据；既要审查犯罪嫌疑人、被告人有罪或者罪重的证据，也要注意审查发现犯罪嫌疑人、被告人无罪或者罪轻的证据。另一方面，完善亲历性审查模式。要从重书面审查转变为重亲历性审查，在讯问犯罪嫌疑人、听取辩护人意见的基础上，对事实存疑、证据不足的案件，除依法行使退回补充侦查权外，必要时可以自行补侦、联合补侦或采取公诉引导侦查的方式，核实重点证据，补充完善证据体系。

（三）加强以证据为中心的出庭能力建设，着力提升指控和证明犯罪水平

出庭公诉是集中展现检察机关业务水平和职业形象的重要窗口，是构建以证据为中心的刑事指控体系的出发点和落脚点。随着刑事犯罪结构的变化和认罪认罚从宽制度的适用，检察机关出庭公诉的环境

和要求发生深刻变化,一些案件出庭公诉对抗性不足,出庭不规范、指控不力甚至出庭言行不当引发舆情等情况时有发生。要着重加强出庭公诉能力建设,强化公诉说理、证据合法性证明和证据体系论证,用好庭前会议、证人出庭作证、侦查人员出庭、鉴定人出庭等制度,切实担负起指控和证明犯罪的主导责任。

(四)强化检警、检法和检律关系,为构建以证据为中心的刑事指控体系提供保障

在检警关系上,推进侦查监督与协作配合办公室实质化、规范化、体系化运行;强化引导侦查取证,补充完善证据体系;健全非法证据排除分析、通报制度;强化立案监督和侦查活动监督,依法监督纠正非法取证行为。在检法关系上,尊重庭审中心地位,确保刑事指控符合审判的法定证据标准;对于法庭要求补充的证据材料,及时调取提供;强化审判监督,依法监督纠正证据采信错误等行为。在检律关系上,依法保障律师执业权利,重视听取律师意见。对于律师提出的非法证据排除、无罪、罪轻等方面的意见,认真调查核实,完善指控证据体系,推动构建"亲""清"的检律协作关系。此外,在检监关系上也要进一步作出有益探索,总结好的经验、做法,不断促进相关办案工作更加规范运行。

三、积极推进构建以证据为中心的刑事指控体系的改革任务

(一)积极转变观念,引领树牢证据定案理念

法律监督理念现代化是检察工作现代化的先导。刑事检察人员要积极转变观念,特别是摒弃重打击轻保护、重实体轻程序、重配合轻制约以及有罪推定、疑罪从轻、过分依赖口供等错误思想,牢固树立"证据定案"理念,将证据作为刑事追诉活动的基石,严格贯彻证据裁

判原则，坚持客观公正立场，不断推进构建以证据为中心的刑事指控体系改革任务。

（二）加强组织领导，加快推进体系构建等重点工作

要加快系统性研究构建以证据为中心的刑事指控体系这一重大课题，及时出台指导意见。针对常见多发的刑事案件，要研究制定类案证据指引。要推进数字检察战略，充分利用大数据赋能指控体系构建，通过"数字画像"强化证明体系，从而精准指控和证明犯罪。各地检察机关要共同参与，及时总结可复制、可推广的证据审查运用的典型经验做法。

（三）强化沟通协调，与侦查、审判机关等形成工作合力

各级检察机关就构建以证据为中心的刑事指控体系，要加强与侦查机关和审判机关的沟通协调。要与侦查机关、审判机关共同研究会商，切实解决证据采信、证据链闭合、法律适用、政策把握等方面的分歧，进一步建立健全配套制度机制，统一司法尺度和标准。

醉酒型危险驾驶的治罪与治理
——兼论我国轻罪治理体系的完善

苗生明[*]

2023年12月13日，最高人民法院、最高人民检察院、公安部、司法部在总结在道路上醉酒驾驶机动车（以下简称醉驾）入刑十多年治理成效、研究实践问题基础上，联合出台了《关于办理醉酒危险驾驶刑事案件的意见》（高检发办字〔2023〕187号）（以下简称2023年意见）。2023年意见全面准确贯彻宽严相济刑事政策，统一和优化醉驾执法司法标准，简化办案流程，对深化醉驾治理乃至推动完善我国轻罪治理体系具有重要意义。

一、关于醉驾案件办理的实体问题

（一）醉驾案件的入罪标准

1. 优化入罪标准的考虑

2011年5月，《刑法修正案（八）》增设了危险驾驶罪，醉驾是其中一种危险驾驶行为。与追逐竞驶等其他类型危险驾驶罪不同，醉酒型危险驾驶的入罪未附加"情节恶劣""情节严重""危及公共安全"等其他条件。因此，从理论上讲，我国刑法中的醉酒型危险驾驶罪被认为是行为犯、抽象危险犯。问题在于，行为犯虽然不需要结果的发

---

[*] 苗生明，最高人民检察院检察委员会副部级专职委员、第一检察厅厅长。

生,但是也要求"存在法益侵害的危险性",①抽象危险犯的成立不仅需要有危险而且存在危险程度不同之分。正如张明楷教授所说,抽象危险其实也有危险程度大小之分,在有的犯罪中是指具有发生实害的重大、紧迫的危险,在某些场合实际上等同于实害,而在某些场合是比较缓和的距离实害较远的危险。②具体如何判断这种抽象危险,需要统一的、量化的、可操作的标准。

最高人民法院、最高人民检察院、公安部《关于办理醉酒驾驶机动车刑事案件适用法律若干问题的意见》(法发〔2013〕15号)(以下简称2013年意见)规定,在道路上驾驶机动车,血液酒精含量达到80毫克/100毫升以上的,属于醉酒驾驶机动车,以危险驾驶罪定罪处罚。该条规定界定了醉驾构成危险驾驶罪的入罪标准:一是醉酒的标准是血液酒精含量达到80毫克/100毫升以上,二是只要属于醉酒驾驶机动车,就应当以危险驾驶罪定罪处罚。之所以确定血液酒精含量80毫克/100毫升以上这一入罪标准,当时的研究认为,"血液酒精含量80毫克/100毫升是根据我国驾驶人员生理特点,经过大量调查研究、多方论证的结果,具有较强的科学性,且实践操作多年,已得到社会广泛认可,可以采用"。③

2013年意见确定的80毫克/100毫升的入罪标准,从实际操作层面明确了判断醉驾作为危险犯达到入罪标准的"危险程度",起到了

---

① 参见〔日〕前田雅英:《刑法总论讲义》(第6版),曾文科译,北京大学出版社2017年版,第35、61页。
② 参见张明楷:《危险驾驶罪的基本问题——与冯军教授商榷》,载《政法论坛》2012年第6期,第136—137页。
③ 高贵君、马岩、方文军、曾琳:《〈关于办理醉酒驾驶机动车刑事案件适用法律若干问题的意见〉的理解与适用》,载《人民司法(应用)》2014年第3期,第20页。

"司法定量"的作用，对明确醉驾认定标准、规范案件办理程序起到了积极作用。但是，在2013年意见执行中遇到了一个突出问题，理论界、实务界以及很多人大代表、政协委员普遍反映，80毫克/100毫升作为"入罪标准"过于单一、机械。从刑法规定看，醉驾是在特定情境下的系列要素组成的综合行为，包括行为人醉酒程度、驾驶的目的和动机、行为人是否具有驾驶技能以及驾驶技能的高低、驾驶的机动车类型、道路情况（路段、车流等）、驾驶的时间、速度、距离等。行为人的血液酒精含量只是反映其醉酒程度的标准，不仅不同人的体质、酒精耐受度不同导致同样的血液酒精含量反映的实际醉酒程度不同，而且，更为重要的是，除了醉酒程度，上述其他要素也决定了其行为的危险程度，不应当不考虑。

考虑这种差异性因素在越来越多的醉驾案件的司法处理中体现出来。一是在一些个案处理中，血液酒精含量达到80毫克/100毫升以上，未按照犯罪处理。如在停车场挪车、在小区门口交接车辆等短距离驾驶行为。二是批量适用《刑法》第13条但书规定，事实上调整了入罪标准。比如，浙江省高级人民法院、浙江省人民检察院、浙江省公安厅《关于办理"醉驾"案件若干问题的会议纪要》规定，血液酒精含量在100毫克/100毫升以下，且无8种从重情节，危害不大的，可以认为是情节显著轻微，不移送审查起诉，由公安机关作撤案处理。此类规定实际上确定了"血液酒精含量+情节"的入罪标准。浙江这种模式经过实践后也为理论界所认可，其他一些省市陆续借鉴这种模式。在2023年意见的起草调研过程中，很多地方提出了类似的建议。

我国实务中探索的这一入罪模式在域外也能得到印证。比如，《德国刑法典》第316条（饮酒驾驶基本犯）规定："饮用酒或其他麻醉品，不能安全驾驶交通工具……处1年以下自由刑或罚金刑。"在实践中，德国司法将醉驾行为分为"绝对的驾驶无能力"和"相对的驾驶无能力"。前者是指根据科学依据制定的针对所有人的标准，即只要血液酒精含量达到110毫克/100毫升，那么就可认定满足危险驾驶的条件。后者是指血液酒精含量在30毫克/100毫升至110毫克/100毫升之间，如果有足够的其他证据证明驾驶人员的驾驶行为受到了酒精的严重影响，那么也可以认定构成危险驾驶罪。最终，2023年意见采用了"醉酒驾驶行为＋血液酒精含量＋其他情节"的入罪模式。

2. 醉驾入罪标准的多元化

2023年意见第4条第1款规定："在道路上驾驶机动车，经呼气酒精含量检测，显示血液酒精含量达到80毫克/100毫升以上的，公安机关应当依照刑事诉讼法和本意见的规定决定是否立案。对情节显著轻微、危害不大，不认为是犯罪的，不予立案。"该规定事实上明确了醉酒标准并未变化，仍是血液酒精含量达到80毫克/100毫升。这也意味着《道路交通安全法》中规定的"醉酒驾驶"的标准没有变。在立案问题上，呼气检测显示行为人的血液酒精含量达到80毫克/100毫升以上，就存在犯罪嫌疑，但是，未必一定要立即立案侦查，是否按照刑事案件立案，还要按照《刑事诉讼法》《公安机关办理刑事案件程序规定》以及2023年意见等有关规定开展进一步调查核实和认定判断，符合立案条件的依法立案，不符合立案条件的不予立案。

立案与否最终是由入罪标准决定的。2023年意见根据不同情形，确定了不同入罪标准。一是对于血液酒精含量达到150毫克/100毫升以上的案件，在其他犯罪构成要件要素（如道路、机动车）都符合的情况下，不再考虑其他犯罪情节，直接以危险驾驶罪处理。因为，对于绝大多数行为人来说，血液酒精含量达到150毫克/100毫升以上，都已经处于较为深度的醉酒状态，一般情况下危险程度都很高。在调研过程中也发现，对于血液酒精含量达到 150 毫克/100 毫升以上的案件，事故率明显上升。

二是血液酒精含量达到 80 毫克/100 毫升以上，不满 150 毫克/100 毫升，且有 2023 年意见第 10 条规定的 15 种从重处理情节的，以危险驾驶罪处理。也就是说，80 毫克/100 毫升到 150 毫克/100 毫升之间的醉驾案件，实行"血液酒精含量＋情节"的入罪标准。其中，"情节"主要是指 2023 年意见第 10 条规定的 15 种从重处理情节。这些情节的设定重点考虑了行为的危险性，兼顾行为人的主观恶性、人身危险性。

三是特殊情形下醉驾的入罪问题。在起草调研中，对于在居民小区、停车场等场所因挪车、停车入位、交接车辆等短距离醉驾是否入罪问题，有不同的意见。有意见认为，这些情形下的醉驾行为危险性很大，尤其是停车场、小区等场所人员并不少，因而应当入罪。还有意见认为，这些情形即使出罪，也应当有血液酒精含量的限制，如果血液酒精含量较高，就应当入罪。综合研究认为，对醉驾行为的危险性要综合判断。在上述情形中，行为人主观上并无上路长距离驾驶的意图，有的叫了代驾反映其具备守法意识，距离普遍较短，速度一般也较慢，驾驶路段与车水马龙、人来人往的道路也有区别，危险性相对较小。此外，对这类行为划定任何血液酒精含量标准都可能导致个案处理得不科学、不合理。因此，在不具有 2023 年意见第 10 条规定的 15 种从重情节的情况下，综合认定这类醉驾行为属于情节显著轻微、危害不大是较为合理的，也便于操作。

在实务中，还发生了不少出于急救伤病人员等紧急情况醉驾的情形。该类案件如何处理，能否认定为紧急避险，有一定争议。紧急避险是指在合法利益面临不牺牲另外一种利益就无法避免的危险时，牺牲较小利益以保全较大利益的情形。① 在急救伤病人员等紧急情况下，行为人不惜以可能给公共安全造成危险的方式（醉驾），去保护他人的生命安全这一迫在眉睫的需要保护的利益，是可能构成紧急避险的。研究认为，确实属于《刑法》第21条规定的紧急避险的，则不负刑事责任。在认定是否构成紧急避险时，要从是否存在正在发生的危险、是否不得已才损害另一法益、是否有避险意图、避险是否超过必要限度等方面进行审查。

实践中，在认定处理该类案件时，判断的难点在于"不得已"上。"不得已"主要体现在危险发生时，一时找不到合格的能够代为驾驶的人员或者可替代的救治送医方式等。在有些情况下，危险并不紧迫或者行为人有其他避险的可能但并未采取其他方式（比如能够及时叫到代驾、身边有其他愿意提供帮助的合格驾驶人）的情况下醉驾的，依法不属于紧急避险。但是，考虑到行为人在情急之下无法作出理性选择，如果醉驾行为也未导致事故等后果，认定为情节显著轻微、危害不大，更加符合法理情，处理效果也更好。因此，2023年意见对出于急救伤病人员等紧急情况醉驾的情形作了较为周全的规定，既明确了根据情况可以适用紧急避险（2023年意见第12条第2款），又明确了根据情况可以适用《刑法》第13条但书规定予以出罪（2023年意见第12条第1款第2项）。

（二）醉驾案件从严和从宽标准的把握

制定2023年意见的一个重要指导原则是全面准确贯彻宽严相济刑事政策。2023年意见第2条规定："人民法院、人民检察院、公安机关办理醉驾案件，应当全面准确贯彻宽严相济刑事政策，根据案件

---

① 参见周光权：《刑法总论》（第3版），中国人民大学出版社2016年版，第216页。

的具体情节，实行区别对待，做到该宽则宽，当严则严，罚当其罪。"这里最核心的就是如何确定"具体情节"。研究认为，血液酒精含量不仅是一个简单的数值标准，更是衡量行为人驾驶能力受酒精影响程度高低、行为危险性大小的最基本、最重要的犯罪情节。另外，时空环境、道路条件、车辆性质、认罪悔罪等也是判断醉驾行为危害性大小和行为人主观恶性、人身危险性的重要情节，制定"轻轻重重"标准时，必须充分考虑两方面因素，避免唯血液酒精含量标准"一刀切"。2023年意见在整体上按照"酒后危险驾驶行为+醉酒程度+有无其他情节"的模式确定入罪、从宽和从严的具体标准。需要注意的是，2023年意见第10条规定的15种从重处理的情节，在特定条件下是"入罪情节"（80毫克/100毫升到150毫克/100毫升之间的案件），在特定条件下又是入罪后的从重处罚的情节。因此，2023年意见用的是"从重处理"而不是"从重处罚"的表述。

1. 从重处理情节设定

2023年意见在情节的具体设定上，主要是结合2013年意见规定的从重处罚情节和近年来实务发展的情况，新增了与危险驾驶行为危险性相关的情节，减少了不相关情节，限缩了一些情节的影响范围，以避免机械化。

2023年意见在2013年意见基础上新增"驾驶重型载货汽车的""运输危险化学品、危险货物的""驾驶机动车从事校车业务且载有师生的""服用国家规定管制的精神药品或者麻醉药品后驾驶的""实施威胁、打击报复、引诱、贿买证人、鉴定人等人员或者毁灭、伪造证据等妨害司法行为的"等5项从重情节。这些情节主要反映了相关行为的危险系数较高或者行为人主观恶性较大，可以作为入罪情节或从重处罚情节考虑。

2023年意见删除了"城市快速路"醉驾。"城市快速路"在城市中已经较为普遍，醉驾穿行于快速路与普通路的情形比较常见，从实际路况看危险性也没有达到与在高速公路上醉驾相当的程度，而且实践中常常引起认定争议，故予以删除。2023年意见还删除了"使用伪造或者变造的机动车牌证"的从重情节，主要考虑是这种行为与醉酒驾驶的危险性并不直接相关，如果行为人有该类情节，公安交管部门可以依照《道路交通安全法》的有关规定予以行政处罚，而不应在入罪或者从重处罚时予以考虑。

2023年意见保留并修改完善了2013年意见的3项从重情节规定。一是对2013年意见中"曾因酒后驾驶机动车受过行政处罚或者刑事追究"的从重处理情节，增加了"二年内（酒驾）""五年内（醉驾）"的期限限制。研究中有意见认为，曾经受过处罚再次酒驾醉驾，说明行为人不知悔改，主观恶性明显较大，因而不应当设定期限。但是，考虑到醉驾是一种日常型犯罪，有反复实施的现实可能性，要避免行为人"一次醉驾背负终身"，体现"给出路"、重挽救的导向。由于酒驾与醉驾的危险程度、恶劣程度不同，2023年意见规定了不同的期限。二是将2013年意见中"驾驶载有乘客的营运机动车的"情节，修改为"驾驶机动车从事客运活动且载有乘客的"。主要考虑是将该款限于从事客运活动的机动车，排除非客运机动车，另外不再强调机动车"营运性"的形式属性，而是强调是否实质上从事"客运活动"。这样一来，就可以涵盖实践中出现的虽然不是营运机动车，但是从事载客服务（如私家车从事网约车、顺风车服务乃至"黑车"载客）的行为。当然，2023年意见还是要求该类车辆被查处时要载有乘客，如果未载有乘客，则不作为从重处理情节看待。三是将2013年意见中的"无证驾驶"，修改为"未取得机动车驾驶证驾驶汽车的"。主要考虑是实践中查处大量无证驾驶摩托车案件，而无证驾驶摩托车的原因较为复杂，不能完全归咎于行为人本身，故不宜将无证驾驶摩托车一概作为从重处理情节。此外，这里的"未取得机动车驾驶证"，是指自始未取得过机动车驾驶证，或者取得过驾驶证但与准驾车型不相符。被暂扣或者曾经取得过汽车驾驶证但因为各种原因被吊销、注销的，不属于这里规定的从重处理情形。主要考虑是要对没有经过正规驾驶培训而驾驶汽车的情形给予从重处理。

2023年意见第10条第15项规定了"其他需要从重处理的情形"的兜底条款。对兜底条款的适用要严格解释，主要考虑是该款在特定条件下属于入罪情节，不能随意设定入罪情节，避免入罪的扩大化和法律适用的不平等。比如，有其他前科劣迹的，一般不作为醉驾的从重处理情节。在缓刑考验期、取保候审等期间醉酒驾驶的，一般也不作为醉驾入罪考量中的从重情节。如果符合撤销缓刑、变更强制措施条件的，依法予以撤销缓刑或者变更强制措施。当然在醉驾本来就已经构成犯罪，同时具有上述情节的，可以酌定从重处罚。

2. 从宽处理情节设定

2013年意见无从宽处理情节的规定。2023年意见第11条规定了4项从宽处理情节，包括坦白、自首、立功，自愿认罪认罚，造成交通事故后赔偿损失或者取得谅解以及其他需要从宽处理的情节。研究认为，危险驾驶罪作为刑罚最轻的犯罪，在依法从严处理情节严重的醉驾行为的同时，要考虑适用刑法、刑事诉讼法规定的从宽处理情节，一律入刑、片面从重不符合法治精神，也不符合我们党一贯的"惩前毖后，治病救人"的刑事政策导向。坦白、自首、立功、自愿认罪认罚是刑法和刑事诉讼法规定的法定减轻、从轻、从宽处理情节。其中，认罪认罚虽然可能与坦白、自首有重合的部分，但是又不完全等同，应视为独立的从宽处理情节。除此之外，需要注意以下三个方面的问题。

第一，关于造成交通事故后赔偿损失或者取得谅解的从宽处理情节。在起草中，有意见认为，醉驾发生事故说明行为由抽象危险转化为现实损害，社会危害性大，因此，只要发生事故的，就应当一律入罪、起诉甚至判处实刑。也有意见认为，对发生危害后果的案件，我国刑法和刑事诉讼法向来鼓励行为人积极赔偿损失、修复损害，鼓励行为人与被害方达成和解、取得谅解，从而化解社会矛盾，修复社会关系。这在刑法条文、刑事诉讼程序（如当事人和解程序）以及诸多司法解释、其他司法规范性文件中都有体现，醉驾案件处理也应当遵循这种精神。我们同意后一种意见。对于因为醉驾造成交通事故，致使他人遭受人身损害或者财产损失，行为人积极赔偿损失、与被害人达成和解的，酌情予以从宽处理。这里需要注意两个问题。一是赔偿损失和取得谅解属于并列关系。如果行为人充分赔偿了损失，即使被害方未明确表示谅解，未出具谅解书或者达成和解协议，也不影响对犯罪嫌疑人、被告人从宽处理；如果行为人有赔偿意愿但是没有能力赔偿损失或者无法充分赔偿，但是被害方也表示谅解的，同样可以对犯罪嫌疑人、被告人从宽处理；如果在赔偿损失的同时也取得谅解，理所当然应当从宽处理。二是从宽处理的幅度。对于血液酒精含量相对较低，醉驾仅造成轻微财产损失或者轻微人身损伤（如磕破皮肤之类）的案件，如果行为人赔偿损失，双方达成和解、谅解的，可以给予较大的从宽处理幅度。

第二，关于其他需要从宽处理的情节。这一兜底条款主要适用于具有刑法、刑事诉讼法以及相关司法解释、其他司法规范性文件规定的从宽处理情节的案件，以及虽然没有明文规定，但是酌情从宽符合法理情，处理效果更好的案件。比如，《刑法》中的未成年犯、中止犯，以及司法实践中运用较多的一贯表现良好、初犯、偶犯、认罪悔罪态度较好等酌定从宽情节。

第三，关于同时具有从重和从宽处理情节的如何处理的问题。关键是依据刑法、刑事诉讼法以及最高司法机关量刑指导意见等规定所确定的量刑和处罚原则，实事求是、依法处理，做到罪责刑相适应和案件处理的"三个效果"统一。既不能因为只要有从重处理情节，即使有多项从宽处罚情节，也不体现从宽；也不能认为醉驾本身属于轻罪，搞"普遍从宽""一宽到底"。要综合两方面情节后，作出"总体上从宽"还是"总体上从严"的判断和处理。

二、关于醉驾案件办理的程序问题

（一）醉驾证据收集和审查

1. 醉驾证据的一般要求

醉驾案件虽然相对简单，但是在实务中也容易出现各种争议问题。在调研中，有意见认为，我国醉驾案件办理严格遵循刑事诉讼法规定，但是证据的收集要求过多过细，这与域外相对简单的交通犯罪的调查、审判、处理不同，应当尽量简化收集证据。也有意见认为，我国法律体系中犯罪的性质、后果与域外体系有根本不同，还是要严格按照刑事诉讼法规定的证明标准和证据要求办理案件。最后，综合研究认为，在坚持遵循我国刑事诉讼法的原则和规则基础上，考虑到醉驾案件属于微罪，事实相对简单且主要依靠血液酒精含量鉴定意见等客观证据定案，应当兼顾公正与效率，按照一般应当收集的证据和确有必要收集的证据明确证据收集要求，减少不必要的证据调取。

2023年意见第7条第1款规定了一般应当收集的证据。2023年意见第 7 条第 2 款主要针对有争议或者有事故等特殊情况，在收集第 7 条第 1 款规定证据的基础上，还要求收集第 2 款规定的相应证据。比如，一般刑事案件均有到案经过材料，但是醉驾案件绝大部分是现场查获，在公安机关的受案材料、起诉意见书等中均有体现，一般不涉及自首的认定等情况，因此也就没必要再单独出具一份到案经过材料。但是，如果是发生事故后报警或者在其他情境下查获，就有必要对犯罪嫌疑人到案情况进行专门说明，以便查清是否存在自首、坦白等情节。

2. 规范血检程序

血液酒精含量鉴定意见是醉驾案件定案的关键证据，是案件证据收集和审查的重中之重。在司法实践中血液的提取、封装、保管、送检、鉴定过程容易出现争议，对有争议的问题认定处理也不尽一致。2023 年意见对血检程序无法做到面面俱到的详细规定。一方面，2023 年意见第 8 条第 1 款原则性规定，对犯罪嫌疑人血样提取、封装、保管、送检、鉴定等程序，按照公安部、司法部有关道路交通安全违法行为处理程序、鉴定规则等规定执行。另一方面，2023 年意见第 8 条第 2 款、第 3 款、第 4 款对容易引起争议的血样提取、封装录像、送检时间、出具鉴定意见时间等问题作了统一规定。2023 年意见比较重要的一项新增内容是要求对鉴定过程进行录音录像。

2023 年意见不仅重申了提取、封装血液样本过程必须全程录音录像，而且增加了鉴定过程录音录像的规定。在起草中，有意见提出，司法实务中存在鉴定造假的问题，因此应对鉴定过程同步录音录像，以避免出现舞弊枉法空间。也有意见认为，鉴定过程环节较多、持续时间较长，加之案件多且录像不易保存，不建议对鉴定过程录音录像。最后研究认为，血检程序在提取、封装、保存、送检环节都作了严格要求，对最后的鉴定环节增加录像规定，可以实现血样的全程监控、闭环管理，确保案件办理公平公正。考虑到鉴定机构的实际情况，2023年意见将鉴定录像的范围限缩在鉴定人员使用检材的过程，主要是要求对"血液样品制备和仪器检测过程进行录音录像"。通过录像能够看到血样由封装状态解封、取样、添加试剂等操作到运用仪器设备开展检测的过程。鉴定过程录像主要是对鉴定人员使用检材的一种外部监督方式。鉴定机构可以采用在鉴定场所安装固定式监控设备等方式对鉴定过程进行全程的录像。鉴定录音录像也不需要同步移送办案机关，而是在当事人提出异议等情况下留案备查。2023年意见未对录像留存的时间作出统一要求，需要由司法鉴定机构主管部门作出规范。从案件办理的角度讲，录像应当保存到案件办结前（比如二审结束）。

3. 瑕疵证据的采信规则

对血样的提取、封装、保管、送检、鉴定等环节未严格按照规定进行处理，相关证据是否还可以作为定案根据，司法实践中处理方式不一。既有予以排除以致无法定案的，也有经过补正和合理解释予以采信的，还有采信后予以从宽处理的。有意见认为，血液鉴定意见是醉驾定案最关键的证据，应当坚持最严格的要求，血液提取、封装、保管、送检中存在违反程序规定的，都应当予以排除。还有意见认为，血样作为物证与血液鉴定意见作为鉴定意见是两种不同的证据形式，适用不同的审查判断规则，不能将血样作为物证收集过程中的程序瑕疵与鉴定过程违反鉴定程序规定等混为一谈；作为物证的血样要遵循物证的证据审查认定规则，而血样的鉴定要遵循鉴定意见的审查认定规则。如果鉴定过程本身存在违反规定的情形，鉴定意见通常要直接予以排除，而按照《刑事诉讼法》第56条规定，收集证据不符合法定程序，适用瑕疵证据采信规则，并非一律排除；当然两者也不是绝对割裂的，比如血样的保管、送检通常涉及检材的同一性、是否被污染等问题。我们认可后一种意见。

通过总结司法经验，广泛征求意见，2023年意见明确四种类型的证据为瑕疵证据，属于可补正的证据。一是血样提取、封装、保管不规范。这里的"不规范"是指取证行为未按照公安部《道路交通安全违法行为处理程序规定》以及《刑事诉讼法》、2023年意见等规定规范进行，比较常见的如提取血样时使用醇类酒精消毒、没有进行同步录音录像、封装时缺少提取人签字等。以醇类酒精消毒为例，在不少案件中，通过侦查实验等方式证明醇类酒精消毒对血液的污染极小，甚至可以忽略不计，如果血液实测结果高出80毫克/100毫升较多或者达到150毫克/100毫升，不应将相关证据直接排除。二是未按规定的时间和程序送检、出具鉴定意见。2023年意见规定的送检、出具鉴定意见时间要比《司法鉴定程序通则》《公安机关鉴定规则》等规定更严格，主要是为从严从快惩治醉驾而作出的特殊规定。但是，如果确实有正当理由无法在规定期限内完成，作出合理解释或者补正能够排除合理怀疑的，则相关证据可以采信。比如，在疫情防控等特殊时期，确实无法在2023年意见规定的最严格的时间内作出鉴定的，只要血样得到了妥善保管，综合其他证据可以确保血检结果的可信性，则可以作为证据采信。三是鉴定过程未同步录音录像。鉴定过程没有同步录音录像的采信规则与提取、封装过程未同步录音录像的情形相同。四是存在其他瑕疵或者不规范的取证行为。

对于上述瑕疵证据，虽然可以补正，但是需要说明两点。一是瑕疵证据补正后综合其他证据，要达到排除合理怀疑的程度。换言之，并不是所有不规范取证行为都可以在补正或者说明后被采信，还要具体问题具体分析，要结合其他证据着重审查补正和说明能否排除合理怀疑。比如，血液一般需要低温保存，如果长时间未低温保存，由于证据受到了极大影响，即使补正、说明也不足以确保血检结果的真实性、准确性，相关证据应当予以排除。二是瑕疵证据可以补正，并不意味着可以随意、故意突破取证规范。相关部门对瑕疵取证行为要按照自身职责和职权予以纠正，要求相关人员予以改正，杜绝再次发生。比如，检察机关对相关瑕疵取证、违法取证即使通过补正和合理说明予以采信，也要通过口头或者书面的方式进行纠正。

（二）醉驾案件办理的诉讼程序

近年来，醉驾案件在基层公安司法机关办理的刑事案件中占比较高，严格按照普通刑事案件的办理程序办理，会耗费较多的执法司法资源。在调研中也发现，不少地方醉驾案件侦查、起诉、审判耗时较长，容易滋生干预过问司法办案等廉政风险。2023年意见的制定单位在完善醉驾案件办理程序、提升诉讼效率方面达成共识。考虑到醉驾属于微罪，绝大部分案情、证据较为简单，符合刑事诉讼法规定的速裁程序的适用条件，有必要在遵循法定程序、保障当事人权利、确保案件质量的前提下建立快速办理机制，简化办案手续、文书，提升办案效率。2023年意见第21条至第26条规定了醉驾案件快速办理的相关程序规则。

1. 快速办理机制的案件适用范围

2023年意见第22条明确了快速办理机制适用的案件范围，即符合下列条件的醉驾案件，一般应当适用快速办理机制：现场查获，未造成交通事故的；事实清楚，证据确实、充分，法律适用没有争议的；犯罪嫌疑人、被告人自愿认罪认罚的；不具有《刑事诉讼法》第223条规定情形（不适用速裁程序的情形）的。按照该规定，对调取特定证据周期较长、需要进行事故认定、人伤财损鉴定、矛盾化解等相对复杂、争议较大、耗时相对较长的案件，可以不适用快速办理机制，按照正常程序办理，而没有上述特殊情形的原则上都适用快速办理机制。快速办理机制与速裁程序的关系是，速裁程序主要是法院的审理程序，检察环节也可以适用速裁程序，但是对侦查环节则没有要求，醉驾案件快速办理机制是在速裁程序基础上，对侦、诉、审三个阶段办案均提出了要求。

2. 快速办理机制的办案期限

关于适用快速办理机制的期限，研究中也有不同的意见和方案。有意见认为，考虑到不同地区、不同案件的差异性，设定统一的办案期限并不现实。也有意见认为，如果不设定办案期限，快速办理机制无法落地，办案周期较长、拖延办案的问题无法得到根本解决。此外，设定多长的办案期限也存在争议。在调研中发现，有的地方探索了醉驾案件48小时速裁机制，有的地方在拘留后的7日内完成侦、诉、审工作，有的地方公安机关在案发后5个工作日内就能将案件移送审查起诉。故有的意见建议设置较短的办案期限，比如7日、10日、15日等。最终，2023年意见第23条规定，公检法机关一般应当在立案侦查之日起30日内完成侦、诉、审工作。

之所以如此规定，一是我们认为，快速办理机制总体上应当在刑事诉讼法规定的速裁程序框架内设计。按照《刑事诉讼法》有关规定，适用速裁程序的案件，审查起诉期限一般为10日，审理期限一般为10日。2023年意见规定的30日的总办案期限与《刑事诉讼法》的规定相协调。二是要注重加强犯罪嫌疑人、被告人诉讼权利保护，保证案件办理质量。醉驾案件毕竟是刑事案件，设置过短的办案期限，影响犯罪嫌疑人、被告人行使辩护权等权益；而对于公检法机关而言，过短的办案期限通常也不利于保障办案质量。总之，要兼顾公正与效率。这里的 30 日是适用快速办理机制的最长办案期限，地方公安司法机关可以根据本地的实际情况，比如根据公安执法办案中心的设置、公检协作配合机制、速裁法庭设置、人员配备等情况，确定侦诉审各阶段的办案时长。此外，最长办案期限，主要适用于需要提起公诉的案件；对于要撤销案件、相对不起诉的案件，考虑到要从事社会公益服务、内部审批审核、检察听证等程序，为了确保效果，则可以根据实际情况不受快速办理机制确定的期限的限制。当然，为了当事人早日摆脱讼累，节约执法司法资源，对醉驾案件的办案期限不宜拖得过长。

3. 简化办案手续

《刑事诉讼法》在设置速裁程序时，对审理程序进行了适当简化，但是对侦查、起诉环节办案流程并没有作出规定。研究认为，办理醉驾案件如果要提高诉讼效率，有必要在《刑事诉讼法》框架下进一步简化办案手续。2023 年意见在这方面重点进行了以下两个方面优化。

一是一般情况下不再要求换保。2023 年意见第 24 条规定，案件移送至审查起诉或者审判阶段时，取保候审期限尚未届满且符合取保候审条件的，受案机关可以不再重新作出取保候审决定，由公安机关继续执行原取保候审措施。《人民检察院刑事诉讼规则》（高检发释字〔2019〕4 号）第 103 条、最高人民法院《关于适用〈中华人民共和国刑事诉讼法〉的解释》（法释〔2021〕1 号）第 162 条均规定，对需要继续取保候审的，都要求重新作出取保候审决定。2023 年意见结合醉驾案件程序推进快、周期短的特点，对以上司法解释的规定作出适当调整，具体有以下考虑。一方面，调研中普遍反映，醉驾案件量大，且案情相对简单，又要求适用速裁程序，重新取保需要找保证人、重新出具文书、送达公安机关执行等，在审查起诉、审判期限短，人手紧张的情况下，消耗了大量的执法司法资源。而公安机关在侦查阶段办理的取保措施时间足够办完全案，况且重新作出的决定一般最终还是由原公安机关执行，执行机关没有变化，重新取保对绝大部分醉驾案件显得多余。另一方面，上述司法解释的规定在不少地区也未实际执行。调研中了解到，有的地区在办理醉驾案件（甚至包括其他案件）中，没有按照规定执行重新办理取保手续的规定，主要原因也是人手、时间紧张，办不过来。因此，如果要想对醉驾等微罪案件真正实现简案快办、繁简分流，有必要实事求是作一些突破，即对醉驾这类适用快速办理机制的案件，起诉、审判机关可以不再作出取保候审决定。当然，如果在法定期限内无法办结的，后一办案机关应当及时办理新的取保手续。

二是拟判处缓刑案件一般不需要作社会评估。2023年意见第25条规定："对醉驾被告人拟提出缓刑量刑建议或者宣告缓刑的，一般可以不进行调查评估。确有必要的，应当及时委托社区矫正机构或者有关社会组织进行调查评估。受委托方应当及时向委托机关提供调查评估结果。"主要考虑是，一方面，调研中不少办案人员反映，醉驾行为人的社会危险性相对较低，对大部分人没有必要调查对当地的社会影响等情况。另一方面，案件量大，部分地区社区矫正机构人手紧张，不少调查流于形式，反馈意见也不及时，影响办案进度。此外，法律没有要求对适用缓刑的案件必须进行社会调查评估。因此，对醉驾案件一般情况下无须作调查评估。当然，被告人背景情况复杂、有前科劣迹的，则有必要按照相关规定进行调查评估，以进一步确定判处缓刑和进行社区矫正是否适当。

三、关于醉驾案件的综合治理问题

2023年意见制定单位普遍认为，对醉驾这样的日常型犯罪，打击惩罚这一手不能放松，但"一罚了之"不是最佳方案、治本之策，源头预防、综合治理这一手不可或缺。2023年意见第27条至第29条分别从普法宣传、协同治理和教育改造等方面对办案机关以及其他单位加强醉驾综合治理提出要求。除此之外，着眼于采取多种方式强化综合治理、诉源治理，从源头上预防和减少酒后驾驶行为的发生，2023年意见创新规定了自愿参与公益服务措施，并完善了醉驾案件非刑罚处罚手段。

（一）自愿参与社会公益服务

近年来，执法司法机关不断深化对醉驾治理规律的认识，探索更好的案件办理和犯罪预防举措。在调研中了解到，多个省市公安、检察机关探索"认罪认罚＋社会公益服务＋醉驾不起诉"的办案模式，对情节轻微的醉驾案件，将犯罪嫌疑人自愿参与社会公益服务作为考察其认罪认罚、悔罪悔过情况的重要依据。从实践看，让行为人在自愿参加公益服务中提升社会责任感，更好回归社会，可以有效预防被不起诉人再犯，同时充实基层社会治理力量，实现从治罪到治理的转变。在前期调研中，地方上不少部门和基层代表建议总结吸收该类探索经验。

2023年意见吸收上述意见，在第18条专门规定"……可以将犯罪嫌疑人、被告人自愿接受安全驾驶教育、从事交通志愿服务、社区公益服务等情况作为作出相关处理的考量因素"。准确把握该规定要注意以下几点。一是社会公益服务主要适用于情节显著轻微、情节轻微以及判处缓刑（包括定罪免罚）的案件。二是犯罪嫌疑人、被告人自愿参与的活动主要包括接受安全驾驶教育、从事交通志愿服务、社区公益服务。其中，接受安全驾驶教育主要是指在办案机关等部门的安排下学习交通安全法规并测试、观看警示教育片等，有的地方安排行为人观摩交通类案件庭审、交通事故急救现场等也是可取的方式。交通志愿服务和社区公益服务主要是在公安交管部门、社区等基层组织、社会公益机构的安排下从事道路秩序维护、协管、交通安全宣传以及社区敬老、环境维护等公益活动。三是参与社区公益活动等必须是行为人的自愿行为。行为人参加这些活动并不是对行为人的惩戒、惩罚。办案机关在办理案件中应当向行为人讲明办案机关作出相应处理主要考虑的因素，说明行为人可以通过自愿从事公益服务等接受考察，由行为人自己选择是否参与。四是行为人从事公益服务的表现等情况是作出相应处理的考量因素。主要通过上述行为考察行为人的"认错悔过""认罪悔罪""悔罪表现"等，这些情况是作出相应处理的依据之一。如果行为人在自愿从事交通志愿服务期间，不服从工作安排、迟到早退、表现懒散以及有其他不良表现的，可以认为行为人的规则意识差、悔错悔罪意识不强，对其不适用撤销案件、不起诉或者判处缓刑（免予刑事处罚）的处理。

（二）醉驾案件的行政处罚措施

为了强化对被不起诉人、免予刑事处罚人的教育惩戒，2023年意见第19条规定："对犯罪嫌疑人、被告人决定不起诉或者免予刑事处罚的，可以根据案件的不同情况，予以训诫或者责令具结悔过、赔礼道歉、赔偿损失，需要给予行政处罚、处分的，移送有关主管机关处理。"该规定的依据是《刑法》第37条、《刑事诉讼法》第177条第3款、《人民检察院刑事诉讼规则》（高检发释字〔2019〕4号）第373条等规定。虽然法律已有这些规定，但是司法实践中执行得并不充分。

尤其是对撤销案件、不起诉、免予刑事处罚的醉驾案件，能否以及应当予以何种行政处罚，实践中一直存有争议。根据《道路交通安全法》第 92 条第 2 款的规定，公安机关可以对驾驶人科处吊销驾驶人机动车驾驶证，且 5 年内不得重新取得机动车驾驶证的行政处罚。这一规定在实践中执行得较好，有争议的是对醉驾案件能否适用酒驾的行政处罚措施。有观点认为，2011 年醉驾入刑后，《道路交通安全法》删除了醉驾案件给予行政拘留和罚款的处罚规定，且醉驾与酒驾属于不同的法律概念，因此对醉驾案件已经没有适用上述两项行政处罚的法律基础。也有观点认为，我国刑事诉讼法规定对不起诉、免予刑事处罚的人，需要给予行政处罚、处分的，移送有关主管机关处理，这里的行政处罚、处分所针对的行为包括行为人构成犯罪但是没有追究刑事责任的行为；醉酒后驾驶机动车属于严重的饮酒后驾驶机动车行为，两者仅仅是血液酒精含量存在不同，仅仅是量的差异，在行为的性质上并没有本质差异；按照"举轻以明重"的当然解释原理，对醉驾案件在不立案、不起诉、免罚后适用酒驾的行政处罚措施是有法律依据的。

我们认可后一种意见。根据 2023 年意见第 20 条第 1 款的规定，醉驾属于严重的饮酒后驾驶机动车行为。血液酒精含量达到 80 毫克 /100 毫升以上，公安机关应当在决定不予立案、撤销案件或者移送审查起诉前，给予行为人吊销机动车驾驶证的行政处罚。对于公安机关适用《刑法》第 13 条但书规定不立案的案件，公安机关还应当按照《道路交通安全法》规定的饮酒后驾驶机动车的相应情形，给予行为人罚款、行政拘留的行政处罚。该条要求，公安机关在办理醉驾案件时，可以先吊销行为人的机动车驾驶证，然后对于按照规定撤销案件或者不予立案的醉驾案件，还要按照酒驾的相应处罚规定予以行政处罚。对于饮酒后驾驶机动车，《道路交通安全法》第 91 条根据不同情形规定了罚款、行政拘留（二次酒驾、酒后驾驶营运机动车）等处罚。按照该规定，如果是首次醉驾，则给予罚款。如果是二次醉驾或者之前有过一次酒驾记录，则应当并处罚款和行政拘留。如果是醉酒驾驶营运机动车的，也应当并处罚款和行政拘留。

根据2023年意见第20条第2款的规定，人民法院、人民检察院适用《刑法》第13条但书规定不起诉、判决无罪或者相对不起诉、免予刑事处罚的案件，对被不起诉人、被告人需要予以行政处罚的，应当提出检察意见或者司法建议，移送公安机关依照前款规定处理。公安机关应当将处理情况通报人民法院、人民检察院。对于该类案件，在不起诉、定罪免罚的司法程序处理完后，公安机关根据人民检察院、人民法院的意见或者建议，给予行为人相应的行政处罚。这里需要说明的是，具体给予何种行政处罚措施，要根据案件的具体情况而定。比如，行为人已经被先行拘留，即使按照《道路交通安全法》可以予以行政拘留，也没有必要再建议公安机关予以行政拘留处罚，仅建议予以罚款处罚即可。

四、2023年意见对完善我国轻罪治理体系的启示

随着我国刑法不断扩张、犯罪形势和结构不断变化以及刑事法制体系健全完善，如何加强和改进轻罪治理成为推动国家治理体系和治理能力现代化的必答题。醉驾案件属于典型的轻微犯罪，2023年意见的出台和施行，为我们推动完善轻罪治理体系提供了样本。

一是实体入罪上准确把握罪与非罪界限，合理划定犯罪圈。从司法层面讲，在准确理解适用刑法有关罪名时，尤其是以行政犯为主体的轻微犯罪，要注意我国法律制裁体系自身的特点。我国施行违法与犯罪、行政处罚与刑事处罚的二分，这与域外法律制裁体系有根本性

差别。不论英美法系还是大陆法系，多数不区分违法与犯罪，尤其是对需要科处限制人身自由处罚的行为均作为犯罪处理，由司法机关裁决；而在犯罪体系中又区分重罪、轻罪以及违警罪，施行犯罪分层制度。也就是说，我国的治安处罚中关于罚款或拘留的处罚在域外多属于刑法调整范围，反过来域外作为犯罪处理的，尤其是很多轻罪、微罪，是与我国治安处罚、行政处罚相对应的。因此，域外入罪标准与我国入罪标准要系统对照，不能机械对照，不能认为域外对某种行为的入罪标准很低（比如域外不少国家规定醉驾血液酒精含量达到 30 毫克/100 毫升、50 毫克/100 毫升就构成犯罪），我们也要确定如此低的入罪标准。我们要考虑我们还有行政处罚体系，甚至可以说，行政处罚体系是我国行为规制的基础体系（多数行为都是依靠行政处罚体系处理的），逾越这一体系一概入罪处理可能从根本上改变我国的二元制裁体系。二元制裁体系对保持我国刑法的谦抑性具有制度支撑作用，即使某行为不按照犯罪处理，也可以归入行政处罚体系中予以妥善规制。

在划定罪与非罪界限时，要回到我国刑法关于犯罪的界定即《刑法》第 13 条规定上来，以社会危害性、刑事违法性、应受惩罚性作为是否成立犯罪的基本依据，发挥刑法总则关于犯罪的界定对刑法分则规定的个罪的解释适用的约束作用。我国《刑法》第 13 条但书规定为行政犯的限制入罪提供了法律依据，《刑法》第 13 条规定的犯罪概念中的"社会危害性""应受刑罚惩罚性"本质上都是一种"价值判断"，既能指导具体的构成要件解释，也能为司法办案中的个案裁量提供依据和空间。[①] 醉驾新的入罪标准的确立就很好地发挥了《刑法》第 13

---

① 参见苗生明、杨先德：《论行政犯的处罚原则及其实践》，载《政法论坛》2023 年第 2 期，第 92 页。

条但书规定在解释刑法分则条款时的约束和指导作用。《刑法》第13条但书规定的适用，能够划定合理的犯罪圈，形成行政处罚与刑事处罚相互衔接、梯次递进的体系。

二是在政策把握上要全面准确贯彻宽严相济刑事政策，对轻微犯罪依法少捕慎诉慎押。宽严相济刑事政策是我国的基本刑事政策，适用于包括轻罪案件在内的所有案件。轻罪案件适用宽严相济刑事政策也有其自身的特点。考虑到轻罪的罪质较轻，危害性相对小（有的危害可恢复性也比较强），涉案人员涉及面较广，而在我国的治理体系中，轻罪入罪的附随后果与重罪基本上没有什么本质区别，对轻罪案件应当更加充分地贯彻宽严相济刑事政策，把依法少捕慎诉慎押作为办理轻微犯罪案件的具体工作要求。需要强调的是，即使是轻罪，也要区分犯罪情节严重、恶劣程度，避免"一律起诉"或者"一宽到底"两个极端倾向，做到区别处理、实现个案公正。

三是在程序上进一步完善与轻罪案件相适应的诉讼程序体系。一方面，应当进一步完善以普通、简易、速裁程序为框架的多层次诉讼程序体系，建立更加符合轻罪案件办理实际的诉讼程序，将诉讼程序的优化从审判环节向起诉、侦查环节延伸。另一方面，将更多的治理因素融入案件办理程序中，发挥诉讼程序的规制、教育、惩戒作用，而不是形式地、机械地走程序、办结案件。比如，即使最终未定罪处罚的案件，也可以通过程序性的规则让行为人受教育、知敬畏，防范再犯。

四是更加重视综合治理。轻罪案件通常是日常型、高发型犯罪，且行为人的人身危险性、主观恶性相对较低，行为人的可教育、可改造性较强，教育预防的效果通常较好。因此，公安司法机关应当将源头预防和综合治理工作置于与司法办案同样重要的位置。比如，更好践行新时代"枫桥经验"，更加充分落实普法责任制，更加充分运用检察建议、司法建议机制，将自愿参加公益服务、公益修复、和解谅解作为办理轻罪案件的必经程序和手段，实现治罪与治理的并重。

本辑聚焦
Benji Jujiao

坚持系统观念 运用多元规则
全方位构建以证据为中心的刑事指控体系

俞昕水 *

构建以证据为中心的刑事指控体系是推进刑事检察工作体系现代化的重要内容，也是落实"高质效办好每一个案件"的法治担当。江苏检察机关坚持以习近平法治思想为引领，更新司法理念，依法能动履职，着力构建全程化、多元化、系统化的指控体系，持续推进刑事检察工作提质增效、行稳致远。

一、突出"三个责任"，以全程化履职拓展刑事指控广度

刑事指控是基本检察职能，贯穿于侦查、起诉、审判全过程。检察机关应当强化责任担当，牢牢把握证据这一案件质量的生命线。

（一）突出主导责任，把好证据收集关

树立案件质量共同体意识，将以证据为中心的审查、判断、运用标准向侦查机关传导，构建刑事"大控方"格局。一是做实"伴随式"引导侦查。主动改变提前介入被动化、浅层次的现状，坚持"实质化、案件化、文书化、档案化"四化要求，采取"听介绍、看现场、阅卷宗、问情况、议重点、提意见"六步工作法，实现取证及时、引导有效。江苏率先在省级院层面明确重大疑难案件公安机关听取检察机关意见要求，建立高效衔接机制，对重大案件实行三级院同步介入的一体化

---

* 俞昕水，江苏省人民检察院党组成员、副检察长。

办案模式，成功办理全国首例侵害英烈名誉、荣誉案，费氏牡丹鹦鹉案等一批有影响的案件。二是做细"跟进式"补充侦查。针对司法实践中存在的退而不查、久侦不决、程序空转等情形，制定《补充侦查提纲制作指引》，列明补查目的、要求、理由，跟进补查意见落实进展，确保真补真查。对补充侦查情况定期分析通报，促进提升侦查质量。在一起零口供强奸案中，从电子证据、过往经历、双方交往过程等全方位引导侦查机关补充侦查，实时跟进取证进展，最终通过构建间接证据体系完成指控，侦查提纲入选全国优秀刑事检察文书。三是做好"能动式"自行侦查。以更为便利、更有效率、更有利于查清案件事实为原则，对于侦查机关怠于侦查、关键证据存在灭失风险、需要及时收集固定等情况，积极开展自行补充侦查。如孟某某涉黑案中，对两省三地19起关联案件自行补充侦查，发现漏犯16人，新增罪名7个、犯罪事实18起，深挖保护伞5人，该案入选最高检指导性案例。加大检察侦查力度，健全诉侦制约配合工作办法，研究犯罪样态、证据标准和侦查取证指引，提升办案质效。

（二）突出主体责任，把好证据运用关

全面贯彻证据裁判规则，从"建""排""补""追""用"五个方面形成指控闭环。一是"建链"。省检察院先后出台各类证据审查指引近40份，确立了个性化类案证据规范。对欠缺直接证据的案件，遵循主观证据要印证，客观证据要深挖的规则，综合审查判断，构建环环相扣的证据链。在一起无尸命案中，着重审查口供的真实性，研判隐蔽性证据和内知性细节对口供的补强作用，合理推断被害人确已死亡的事实。二是"排非"。落实非法证据排除分析、通报、报告制度，不断拓宽非法证据的线索举报和反映渠道，严格排除非法证据。对排非后可继续指控的，主动重新收集证据、重构证据体系、重启诉讼程序。在一起组织、领导传销案中，排除被告人有罪供述和部分证人证言，引导重新讯问、询问，最终成功指控犯罪，该案入选最高检典型案例。三是"补正"。准确区分瑕疵证据与非法证据，运用补查、调查等方式恢复瑕疵证据的证据能力。在多起陈年命案中，针对定案指纹来源不清的问题，补充调取全部指纹的比对结果，最终证实定案关键证据真实合法。四是"追漏"。树立全链条指控意识，出台惩治电信网络诈骗、洗钱等上下游犯罪指导意见，深挖现有事实证据背后遗漏的犯罪线索。在一起伪造印章案中，通过手机交易、物流信息等循线深挖，发现关联下家60余人，立案监督18件，认定的犯罪事实从伪造5个印章追加到500余个，有力铲断犯罪产业链。五是"用好"。坚持用证据说话，落实庭审实质化要求，制定《证人、鉴定人出庭工作指引》，为证据合法性证明、技术性证据说明提供支持。将证据说理与事实说理结合起来，通过刑事推定证明犯罪事实。在一起故意杀人案中，对于没有凶器、没有监控、没有目击证人，被告人全程零口供的证据情况，公诉人根据血迹形态推定出行凶过程，有力指控证明犯罪，该案公诉意见书入选最高检优秀法律文书。

（三）突出监督责任，把好证据效力关

将办案与监督有机融合，织密案件质量防控网。一是把证据风险过滤在移送审查起诉前。依托侦查监督与协作配合机制，明确"五项职责"，落实"六项制度"，常态化派驻检察官入驻执法办案中心，通过现场监督、视频巡查、调阅监控、临场指导等方式，动态了解侦查进展，实时记录侦查取证不规范问题，妥善用好口头纠违、书面纠违、检察建议书等监督手段予以纠正，实现事后监督向预防式监督转变。二是把证据问题解决在起诉前。注重亲历审查、亲身办案，对侦查机关移送的证据避免"照单全收"，主动发现和获取一手证据资料，做到关键物证要见物、关键证人要见人、关键现场要到场，全面掌握卷宗以外的在案信息，增强发现证据问题的能力，防止案件带病进入审判阶段。在一起死刑案中，证明被害人身份的证据仅有家属的辨认笔录，检察机关要求补充DNA鉴定确认死者身份，解决证据单一问题。三是对证据错误坚决依法纠正。出台加强刑事审判监督的"十四项措施"，编发类案监督要点，全面审查裁判结果，对证据采信、事实认定等错误予以监督纠正。以更严格的证据标准办理抗诉案件，做到抗准。近两年来江苏抗诉意见采纳率位居全国前列。在一起贩卖毒品申诉案中，省院审查发现定案的辨认笔录真实性存疑，被告人未参与贩毒，后通过抗诉改判无罪。

二、紧扣"一个标准"，以多元化审查提升刑事指控精度

坚持"犯罪事实清楚，证据确实、充分"的刑事指控标准，因"案"制宜，从不同类案办理中提炼出具有普适性的规则，实现精准指控。

（一）忠于证据原貌，历史辩证审查陈年积案

保持旧存证据原状，坚持优先使用原始证据、优先查找原始工作记录、优先询问原侦查人员的方式审查案件，对证据瑕疵做到"应补正尽补正"。妥善处理好案件主干问题和枝节问题的关系，抓住基本事实和基本证据。全面总结提炼办案经验，制定《办理核准追诉案件工作指引》，近三年来江苏报请最高检核准追诉33件，意见采纳率100%。如南医大女生被害案中，尊重案发时"不破案不出具正式鉴定意见"的侦查习惯，找原鉴定人进行补正，确保鉴定意见真实合法。

（二）客观证据优先，最严标准审查死刑案件

遵循客观证据优先原则，注重从客观证据中挖掘隐蔽的案件信

息，从言词证据中发现客观证据线索，运用客观证据验证言词证据的真实性，严守死刑案件的证据防线。在一起被告人翻供的抢劫案中，引导侦查人员复勘现场，从下水道中提取被害人银行卡这一高度隐蔽的客观证据，印证了口供的真实性。会同省法院会签纪要，打造死刑案件"应监督、尽监督、善监督"模式，严格审查把关，办案质效稳步提升。

（三）辨析言词证据真实性，综合审查"一对一"证据案件

此类证据常见于职务犯罪、性侵、毒品等案件，注重证据合法性审查，以细节事实为基础、以经验法则和逻辑规则为进阶，辨析言词证据的真伪，构建证据体系。如放贷收息型受贿案中，针对借款而非贿赂的辩解，注重审查固定受贿人经济状况、有无借款需求、资金使用去向等细节证据，多层次论证权钱交易的受贿本质。对于性侵未成年人犯罪"一对一"证据情况，出台《加强性侵害未成年人犯罪案件办理指导意见》，明确对未成年被害人陈述采取综合情境认定原则，形成符合未成年人心智特点的证据审查模式。在一起性侵未成年人案件中，综合审查并最终采信被害人陈述，通过抗诉促成改判，认定的事实由 1 起追加到 6 起，被告人量刑从有期徒刑 8 年提高到 13 年。

（四）依托科学抽样，穿透式审查涉众型、新类型案件

制定《非法集资犯罪案件审查指引》，对确因客观条件限制无法逐一收集证据的涉众型案件，采取抽样方式审查海量证据。对于假借"私募基金""虚拟货币""区块链"等名义实施犯罪的新类型案件，不局限于审查备案材料、书面合同等表面合乎规定的证据，注重穿透表象查清实际运作全过程。在一起非法集资案中，及时引导公安机关调整取证方向，围绕非法集资的"四性"构建证据体系，精准认定犯罪本质，最终成功指控 28 名被告人，该案入选最高检指导性案例。

（五）坚持"质不降低，量可差异"，分道提速审查认罪认罚案件

省院与公安、法院、司法行政部门会签《刑事案件繁简分流分类办理指导意见》，实现繁案精办、简案优办，全省23%的检察官完成了67%的办案量。坚持认罪认罚案件证据质量不减、证明标准不降，防止出现因犯罪嫌疑人认罪认罚而降低证据要求的情况。同时，制定类型化证据标准，在证据审查载体、审查重点、证明方式上体现差异，首创"一单式告知书"和"类案表格式审查报告"，更加聚焦"自愿性审查"，切实做到从简不减权利，增速不降质量。

三、筑牢"四个支撑"，以系统化建设加大刑事指控力度

构建刑事指控体系是一项整体工程，检察机关应当积极释放不同职能之间的耦合效能，从理念、制度、素能、技术等方面将"四梁八柱"建立起来，保障刑事指控体系常态化、长效化运行。

（一）坚持客观公正，强化理念支撑

理念是行动的先导。以典型示范为引领，开展案例演说会、优秀公诉人巡讲、经验分享会等活动，引导检察官高质效办好每一个案件，实现办案最佳效果。组织对近年来国家赔偿案件进行逐一分析，对司法理念存在偏差、办案效果不佳的案件开展反向检视，引导检察官以案促改，严守法律底线，既坚持不错、不枉，避免"构罪即捕、构罪即诉"的片面思维，也做到不漏、不纵，不轻易因证据有瑕疵、有缺陷就认定"一放了之"。

（二）坚持内外协同，强化制度支撑

加强内部监督制约。出台《指导性办案工作规程》，建立一体化办案机制，对重大敏感案件坚持独立办案、逐级把关、分类指导原则，形成上下合力。规范对下指导，明确对需要下级院调查核实、补充证

据的案件，上级院应当制作意见书，做到全程留痕。健全检察官惩戒工作办法，对不同程度的违法司法情形分层分类问责，相关做法得到最高检充分肯定，为全国提供了经验。常态化开展案件质量评查，实时监管办案数据，生成检察官证据审查把关的"成绩单"，激发履职自觉。加强外部协作配合。首创律师法律帮助意见文书化、实质化，律师在阅卷基础上提出书面法律帮助意见，检察机关做到每案必听取、凡听必记录、听后必反馈，推动审查起诉阶段辩护律师全覆盖。联合司法行政部门完善值班律师考核奖惩机制，定期评选优秀法律帮助意见书。举行检法会谈，在死刑复核监督全覆盖、认罪认罚实质化、刑事再审检察建议案件办理等方面凝聚共识。会同省法院制定检察长列席审委会实施细则，通过个案讨论助推解决类案问题，促进办案尺度统一。

（三）坚持强基固本，强化素能支撑

以实战、实用、实效为导向，多措并举、综合提升证据收集审查运用能力。一是将案例作为教科书。组织开展指导性案例基层巡讲活动，推行类案检索制度，发挥案例指导作用。加强省级层面参考性案例编发，将实践做法以案例的形式提炼总结、上升为经验规则。二是将庭审作为练兵场。把出庭能力建设作为重中之重，对二审上诉、抗诉等案件组织庭审观摩、跟庭考核，以观促学、以评促改，锤炼检察人员出庭履职的基本功。近年来，江苏在最高检举办的十佳公诉人等业务竞赛中取得优异成绩。三是将培训作为补给站。通过公检法同堂培训、交流轮岗、小课堂等形式，涵养业务知识，强化实践运用。在全国创新开展刑事案件审查汇报技能竞赛、指导性案例撰写竞赛、法律文书评比等活动，以赛促训、以赛提能，入选最高检优秀法律文书数量居全国前列。

（四）坚持数字赋能，强化技术支撑

统筹数字模型应用场景体系化建设，加强数字检察和刑检业务的衔接与融合，打造刑事检察监督的数据中心、模型中心和转化中心。自主研发刑事办案智能辅助系统，实现阅卷自主化和证据疑点筛选智能化，形成捕、诉、监三位一体的办案新模式。各地持续创新差异化的审判监督模型，赋能审判监督工作，在最高检会议上交流试点经验。对重大命案逐案开展诉技审查协作，制定《法医类鉴定、法医病理鉴定审查指引》，明确在检委会审议时同步提交文证审查情况，必要时由检察技术人员配合汇报，为技术性证据审查保驾护航。

本辑聚焦

建立指控证据体系须用好三大证据规则

龙宗智[*]

构建以证据为中心的指控体系，就证据审查运用而言可以分为两个步骤：一是单一证据审查，二是在这个基础上进行证据体系的构建。在这个过程中，涉及一系列证据规则和证据审查方法的运用，须用好三种基本的方法，即印证证明、心证证明、技证证明。由此形成三大规则：一是印证规则，就是通过不同证据的协调一致来证明案件事实的规则和方法。二是心证规则，就是运用经验法则审查证据和事实，建立内心确信排除合理怀疑的规则与方法。排除合理怀疑也就是建立内心确信，这是一个思想的两面表述，对这种标准和方法进行规制，就是心证规则。三是技证规则，在现代科技迅猛发展，并大量运用于司法的背景下，采用科学技术证据证明案件事实的规则与方法。因为现在数字检察的发展、证据法的数字化与科学化，使科技证据的作用越来越重要，所以把它和印证、心证并列，称技证规则。这三种证据规则也包含若干具体的规则，应该属于集合式的证据规则。

怎样理解三种证据规则对指控证据体系构建的重要作用？首先，要运用印证规则，建立证据间和谐统一、指向一致的指控证据体系。其次，要运用心证规则，排除合理怀疑，有效检验指控证据体系是否符合法定证据标准。最后，要运用技证规则，赋予科技证据证据能力，

---

[*] 龙宗智，四川大学教授。

合理判断其证明力,实现客观有效的证明。这三种证据规则及其证明方法的运用,对证据体系构建具有重要的乃至决定性的影响。应当特别注意的是,印证规则的精细化应用,心证规则的多元化应用,以及技证规则的开拓性应用问题。

一、关于印证规则的精细化应用

通过对最高法指导案例、最高法公报案例、最高检指导性案例等三类具有权威性的案例的实证研究,可以得出以下两个结论。

第一,无论何种案件,基本证明方式是印证证明。实践中,印证的概念实际上具有相当的包容性,一种是点式印证,即不同证据共同指向同一个事实点,共同证明某一事实。另一种是链式印证,即不同证据指向不同事实点,但是不同事实相互协调,对指控主张指向一致。比如杀人案件,杀人动机、杀人准备、杀人行为、被害后果,是事实链上的不同事实,证明这些事实的不同证据共同指向被告人杀人。还有一种是总体、抽象的印证与具体事实上的印证,前者即对证据体系认定确实、充分,一种判定标准就是证据间相互印证。全案证据相互印证,常常就是证据确实、充分的一种表达方式。当然,印证还被大量使用到具体证据与具体事实。对某一证据被认定为定案依据,某一事实得到确认,也是因为证据之间相互印证,协调一致,口供、证言,以及客观证据有共同指向。

第二,印证在司法实践中应用具有一定的笼统性、模糊性。有学者指出,印证是在某一案件当中相互协同的证据之间多种关系的一种混杂,是多种相互协同关系的一种笼统的概括。这种笼统性,使司法实践中运用印证存在笼统性模糊性的问题,运用印证方法,可能运用的是不同类型的方法和规则,但不能准确界定和精确应用。在目前建立证据指控体系的过程中，坚持印证方法主导的同时，应走向精细化，并适当拓宽其应用范围。

为此，应重视几个问题：一是印证和相似事实问题。过去讲的印证是本案中具有相关性证据的相互印证，但是他案事实能否作为印证证据是需要研究的一个问题。如检例第 180 号李某抢劫、强奸、强制猥亵二审公诉案。公安机关以盗窃罪移送审查起诉，检察机关以抢劫罪提起公诉，一审法院以盗窃罪作出判决，后检察院机关抗诉。抗诉中发现了新的证据，即被告人处有大量的不雅照片和视频，确定了 15 名潜在被害人身份信息，发现多名女性在不知情的情况下被强奸、猥亵并被拍摄视频和照片。案件从涉财的犯罪转化为性犯罪加财产犯罪，涉及每一个被害人的事实构成一个强奸或者猥亵犯罪，她们互不相识，但与被告人交往经历和受害遭遇基本相似。判例称，这种相似性"充分印证了被李某投放药物后处于不知反抗不能反抗的状态"。还有检例第 42 号齐某强奸、猥亵儿童案也反映了同样的情况，就是多名儿童反映受害情节相似，对事实认定发挥了重要的作用。

他案证据是否可以作为印证证据使用，这个问题涉及相似事实证据规则。国外有类似的案例，多名被害女孩陈述受害事实，被告人不承认，旁证不足，法官判决有罪是因为每名被害人陈述的事实可以相互印证，这是相似事实证据规则的应用。然而，相似事实证据的应用在我国没有形成一个证据规则，现在只能在印证规则这个范围内来应对实践需求。将案外相似事实作为印证证据，在证据规则应用上有严格的要求，如案件基本要素的一致性、具有显著的特征、高度相似性等要求。

二是印证与趋同性的问题。检例第 65 号王鹏等人利用未公开信息交易案。该指导性案例的要旨就是，获取未公开信息具有职务便利条件的金融机构从业人员及近亲属从事相关交易，行为明显异常，不符其交易逻辑，同时涉嫌账户的交易与基金公司的交易高度趋同。这是所谓"老鼠仓"违法犯罪。那么，这种高度趋同和印证是什么关系？王鹏案件就是其亲属的私人操作和证券基金公司股票交易指令高度趋同，而且其亲属的交易习惯存在明显异常，不能作出合理解释。那么这种高度趋同性是否构成印证，这是需要讨论的问题。如果构成印证，它的印证的机理是什么？两个交易具有独立性，就其本身看，都是合法合规，对案件事实没有证明力，但是结合起来就产生指向性和证明力。这种印证可以界定为一种"契合"，它与相同信息证明同一待证事实的印证不同，而是不同的间接证据结合起来，以其契合性证明待证事实。其他还有一些类似情况，如口供与隐蔽事实的契合，凶器与伤口的契合等。

概括起来，区分具体印证方法的不同类型，实现精细化的应用，就印证方法应用上，可以将其概括为五种。一是同证，即相同信息共同证明。二是契合，即证据之间通过契合性产生证明力。三是聚合，即不同证据指向不同事实，不同事实有内在联系共同指向待证事实。四是补强，即辅助证据单面支持主要证据，广义上可视为印证的一种类型。五是相似，即他案事实与本案事实的相似性形成印证。前面三类是主要的印证类型，后面是两种辅助的印证类型。应当区分应用场景，注意不同印证方法的适用条件与不同价值，实现精准化应用。

二、关于心证规则的多元化应用

古人说："凡推事有两，一察情，一据证，审其曲直，以定是非。"所谓据证，就是用证据来证明，所谓察情，就是情理分析判断，这就是心证的方法，也是排除合理怀疑的方法。本来心证是自由的，但也受规则约束,如仅有被告人供述不能认定事实。对心证方法及其规则,简略地称为心证规则。

心证规则与印证规则并用和互补,是建立指控体系的基本路径和方法。建立心证,就是排除合理怀疑。与印证规则注重客观、外部的情况不同,心证规则注重"内省性",它建立在经验法则之上。

排除合理怀疑概念的引入和运用对中国刑事诉讼发挥了重要的作用。它既是证明标准,也是证明方法,具有检验证据和证据体系的功能特征。但是心证规则应用存在标准不好掌握,理解不一,而且应用不足的问题,在实践中分歧也比较大。实践中怎么理解排除合理怀疑,包括和证据确实、充分是什么关系,对于这些问题,要注意心证规则的多元化应用。

如何理解证据确实、充分与排除合理怀疑的关系?学界有一致说、差异说等不同观点。证据确实、充分和排除合理怀疑是一致的,二者可以互相解释,这是学界主流的意见。个人认为,二者在证明程度上既有一致性,也有区别,证据确实、充分是排除合理怀疑的充分条件,排除合理怀疑是证据确实、充分的必要条件。

应当注意,排除合理怀疑作为心证标准和方法具有多元的特点,在不同场景下都可以适用。可以把它划分为四种类型的排除合理怀疑,或者说四种证明场景都可以使用排除合理怀疑。第一,证据确实、充分匹配排除合理怀疑,这是证明的最高标准,也是刑事案件的定案标准。第二,中端的标准,就是排除合理怀疑,但证据充分性即印证性有欠缺。第三,中低端的证据标准,排除合理怀疑,匹配优势证据标准。第四,低端的标准,排除合理怀疑,但证明不足,有反驳空间。

如何具体运用呢?第一,证据确实、充分匹配排除合理怀疑,这是刑事诉讼法的要求,用排除合理怀疑解释证据确实、充分,这是司法实践日常应用的情况，不再赘述。

第二，中端标准，可以适用于认罪认罚轻罪案件，即可以作为3年以下轻罪案件的认定标准。由于认罪认罚，可以按基本事实清楚，证据确实、充分的标准认定，但同时必须排除合理怀疑。从世界范围看，以辩诉协商方式处理的认罪认罚案件，在实现程序保障的同时，在证据标准上是打折扣的。有的甚至不需要考虑证据标准，只要被告人真诚认罪。中国仍然要严格坚持证据标准，尤其是考虑到程序保障不健全的情况。然而，认罪认罚从宽制度就是为了提高诉讼效率，因此轻罪案件证据标准略打折扣，实行基本事实清楚，证据确实、充分，同时排除合理怀疑的标准，这是符合实践要求的。

第三，辩护性事实和部分程序法事实证明，坚持优势证据，同时排除合理怀疑。因为被告人、辩护人取证很难达到证据确实、充分。按照有关的法律解释、指导性案例，辩护性证据证明事实的标准是优势证据标准，但是也必须达到排除合理怀疑程度。

第四，某些孤证事实认定标准，可适用排除合理怀疑标准。可以说，这是适用低端标准。在某些特定情况下，对非要件事实和证据特别有力证明的某些要件事实、量刑事实，可以采用单一证据认定。例如，酒驾案中的血液酒精含量依靠司法鉴定，主要依靠一个证据可以认定酒驾的关键事实，但是也必须排除合理怀疑。

第五，推定事实的证明程度和认定标准，适用低端标准。适用推定的情况下，基础事实有证据足以证明，但对推定事实，如巨额财产来自何处，是缺乏证据证明的，此时使用不法推定。这种推定降低了证明标准，但显然也应当排除合理怀疑。如果对推定事实存在合理怀疑，如巨额财产可能不是非法来源，而可能是炒股收入，这个不法推定还能够成立吗？显然是不行的。

以上就是心证规则的多元化应用问题。这样做，就可以更为广泛地将排除合理怀疑的标准与方法适用于不同的证明场景。

三、关于技证规则的开拓性应用

技证规则涉及科技证据的使用及其方法和规则。科技证据包括电子数据、视听资料，还包括鉴定意见，有专门知识的人出具的意见等，这些都属于具有科技含量的证据。下一步，可能还有人工智能证据，甚至脱离电子数据成为一种新型证据。

由于现代科学技术的迅猛发展，证据法最重要的发展趋势就是科学化。科技证据的作用越来越显得重要，应当在印证、心证两大类方法与规则之外，专门将科技证明及其规则列为一类。科技证据使用也需遵循印证、心证规则的要求。真实性认定需要其他证据印证，同时运用证据证明案件事实时必须排除合理怀疑。但科技证明也有某种独立性，由于司法官并不熟悉专业性科学技术，一个权威的科技证明在排除疑点的情况下，可能具有很强的、相对独立的证明作用。

技证规则的内容，从规则性质上讲，包括必要性规则，如必要事实规则，还包括证据能力规则、证明力规则、证据鉴真的规则等。证据类型上划分，可以分为电子数据证据规则、视听资料规则、鉴定意见以及有专门知识的人作证的证据规则等，可以说这是一个证据规则的体系。所谓开拓性应用，其基础是科技证据在司法证明中的开拓应用，其内容主要是对科技证据规则的开拓发展和创新。

技证规则的开拓性应用，首先是科技证据的开拓性运用。要重视证据指控体系构建中的数据赋能、科技赋能，包括电子数据、视听资料收集运用，大数据的使用，鉴定意见，专家意见的作用等。

为了充分使用科技证据，合理评价科技证据，需要开拓性地完善科技证据的使用规则，包括证据能力规则。尤其是应注意进一步发挥有专门知识的人的意见对于构建证据体系的作用，包括检察机关技术性证据专门审查意见的证据功能。2021年最高人民法院发布的刑诉法司法解释第100条规定，有专门知识的人出具的报告，在限定条件下可以作为证据使用，这就是典型的技证规则的开拓性构建，因为刑诉法没有规定这类证据。2012年最高人民法院发布的刑诉法司法解释类似的规定是只能将其作为定案的参考，而不能作为证据使用。2021年的刑诉法司法解释第100条涉及有专门知识的人出具的报告，第101条涉及事故调查报告，都创新了证据规则，对技术性证据作了开拓性的应用。在建立证据体系的时候，在遇到鉴定意见欠缺，或其不能解决问题时，应当进一步发挥有专门知识的人出具报告的作用。凡是不属于鉴定意见的专家意见，包括部分检验报告、行政认定以及事故调查报告、审计报告、大数据证据，涉案资金统计计算和分析资料等，都可以用有专门知识人出具的报告和法庭作证证言的形式举证。

过去使用上述证据时存在两个障碍，一是有的不能作为证据使用，如办案单位制作的资金统计分析资料，有一定的专业性，但缺乏证据能力；二是将人证当书证来举证。凡是搞不清楚证据类型，只要呈现为书面材料，都笼统称为书证。但问题在于，这些证据实质是人证，列为书证的话，制作人就不能出庭作证并接受质证，不能有效质证，不符合诉讼规律。如果转换为有专门知识的人出具的报告，就解决了证据资格与不能有效质证的问题。

另外，应当在限制条件下确认检察机关技术性证据专门审查意见的证据能力。过去这种审查意见在规则上只有内部性，没有证据能力。目前，对于部分审查意见应当赋予其证据能力。理由是：第一，它具有相关性及证明力。第二，刑诉法司法解释第100条可以支持其使用。

第三，符合技术审查工作发展方向。第四，赋予审查意见证据能力，有利于构建指控证据体系。第五，审查意见的派生性和可能具有的当事人性，不妨碍其证据能力。鉴定意见对物证就有派生性，有专门知识的人出具的报告就可能具有当事人性，被告人、辩护人都可以请其出庭发表意见。第六，实践允许，有相当数量包括一些典型案例判决支持。如重大冤案陈满案的再审裁判，最高检的技术性证据审查意见就起了重要的证据作用。

不过，使用这种审查意见作为证据有一定的条件和要求。如满足相关性、必要性、专业性和规范性要件，同时区分不同情况作为主要证据和辅助证据使用，而且有专门知识的人，包括检察院的技术审查人员以及外聘技术审查人员，应出庭作证并接受质证。

检察机关履行刑事指控责任的基本原理

王敏远[*]

通过证据来证明被刑事追诉之人的犯罪，这是对刑事诉讼的最基本的定义。刑事指控或者说从侦查开始，立案、侦查、起诉、审判一直到执行，整个刑事诉讼的过程都是以指控作为推动，刑事指控像发动机一样在推进这个过程。刑事指控又是通过证据摆事实、讲道理。基于检察机关在刑事指控当中承担的主要职责，因为大量的案件都是公诉案件，而公诉案件都是由检察机关承担指控职责的，所以，检察机关承担指控职责的过程当中所应当遵循的原则，对构建以证据为中心的刑事指控体系来说，是一个绕不开的必须面对的基本问题。检察机关履行刑事指控职责应当遵循四个方面的基本原则：刑事诉讼的基本原则、刑事司法体制的基本原则、检察官履行职责的基本原则、刑事证明的基本原则。

一、刑事诉讼的基本原则——以无罪推定原则为例的分析

刑事诉讼的基本原则内容很多，其中重要的一个原则就是无罪推定原则。无罪推定原则是现代刑事诉讼的基石，这个原则的含义很多。自 18 世纪贝卡利亚提出无罪推定原则发展到今天，它的内容极为丰富，我们不可能在本篇文章中全面来展开论述。现在，就无罪推定原则当中的一个很重要的内容，即疑罪从无展开。刑事诉讼法自 1996 年

---

[*] 王敏远，浙江大学教授。

修改就明确肯定了疑罪从无原则。刑事诉讼的结果，或者有罪，或者无罪。所谓有罪，就是有确实、充分的证据证明他有罪；而无罪，那么就有确实的证据证明他无罪。这两个截然相反的情况，是没有争议的。有争议的问题或者说引起大家讨论的问题是疑罪，既缺乏确实、充分的证据证明他有罪，也没有确实的证据能够证明他无罪，也就是处于疑罪的状态应该怎么办？关于这个问题，我国刑事诉讼选择的是疑罪从无。对此，就像对无罪推定原则一样，分析疑罪从无也需要从三个层面展开分析：一个是认识论层面，另一个是价值论层面，还有一个是程序论层面。

从认识论层面来说，人们对疑罪从无很容易产生分歧，因为有罪就是有罪，无罪就是无罪，按照实事求是的话，疑罪就是疑罪，疑罪怎么能按照无罪处理呢？因此，认识论上确实很容易引起争议。但是，在价值论层面，疑罪从无就不会引起，或者说很难引起争议。在现代刑事诉讼当中，有罪和无罪当然应作出截然不同的处理，而对疑罪，一定也要作出处理。

从价值层面来说，要么作出有罪处理，要么作出无罪处理，而绝不能把它"挂"起来。实践中，有的疑罪案件就"挂"着不作出判决，这是不正常现象。由此，就存在一个价值论的分歧，要么就选择可能冤枉无辜判其有罪，要么就选择可能放纵犯罪判其无罪，也就是疑罪也要按照无罪来处理。现代刑事司法的最低限度的要求就是避免冤错，对疑罪要按照无罪来处理，这是价值论层面的选择，实际是现代刑事司法的基本要求，对此不应有争议。

对疑罪从无还需要从程序论的层面进行分析。自从1996年修改刑事诉讼法之后，公安机关侦查终结移送起诉，检察机关审查起诉后提起公诉，人民法院经过法庭的审理作出判决，这三个程序所要求的有罪标准是完全一致的，即一致要求达到案件事实清楚，证据确实、充分，依照刑法的规定应当追究刑事责任。但是，其程序存在差异。党的十八届四中全会提出，推进以审判为中心的诉讼制度改革，重点不是侦查、起诉应当与审判的标准一致，而在于程序。对疑罪从无的程序论层面的意义，需要进行分析，由此才能认识疑罪从无的价值，使其真正成为指导检察机关履行刑事指控职责的原则。在疑罪的状态下，对公安机关来说，不能侦查终结移送起诉，对检察机关来说也不能提起公诉，当然法院更不能作出有罪判决。

对于履行指控职责的检察机关来说，疑罪从无要准确地把握住认识论、价值论和程序论三个方面的要求。在认识论上我们应当注重的是，把案件搞扎实。在价值论上，那么一旦出现疑罪的话，就要按照无罪来处理。而在程序论上就要注重刑事诉讼法的相关程序要求。比如对侦查终结移送起诉的案件出现疑罪，如果事实不清、证据不足的话，可以退回补充侦查。当然检察机关也可以自己补充侦查等，但不能无休无止，应当根据疑罪从无的要求，注重这三个层面的不同价值，把住案件质量关。

二、刑事司法体制的基本原则——以控审分离原则为例的分析

现代刑事司法体制的基本原则，也是检察机关履行刑事指控职责所应当遵循的基本原则，其中重要一项就是控审分离原则。

古时候的刑事诉讼控审不分。在现代刑事诉讼当中，控审必须是分离的，它对现代刑事司法整个体制来说具有重要的指导意义。控审分离就是控方履行指控的职责，包括证明的责任，审判方履行的是审理和作出判决的职责，这是两个截然不同的职责，意味着诉讼中的控审这两个主体的一种关系，并且辐射到诉讼中的各个方面。有学者

提出刑事诉讼控辩审的三角关系，三角关系实际上对于现代刑事诉讼或者刑事司法体制的揭示是一个很好的方式。那么这个揭示对于我们刑事指控体系来说，实际上要重视的不仅仅是控审的关系，而且应当进一步延伸到现代刑事诉讼当中，甚至对侦、控、辩的关系也应该有影响。

刑事诉讼中公检法的关系设置是公安、检察、法院各管一段，侦查由公安机关负责，起诉由检察机关负责，审判由法院负责。实际上现代的刑事诉讼侦控应当是一家，尽管两者直接的关联方式各国有所不同。在大陆法系中的丹麦，检察长同时兼任警察局的局长，两者一体化到了这个程度。我国当然不是一体化到这个程度的体制，但是现代刑事诉讼要求，检察机关要以证据为基础履行刑事指控职责，侦查机关收集证据的职责如果没有履行好，那么检察机关的证明职责、指控职责也就不可能履行好。

在现代刑事诉讼中，审判不是收集证据的最佳时机，法庭也不是我们破案的地方。换句话说，到了法庭审判的时候，事实不清，证据不足的案件，要求法院通过审判把指控的事实弄清了，证据弄确实、充分了，有没有可能发生？有可能，但是不正常，而且不应当。在现代刑事诉讼中，这种情况为什么不应当？很简单，因为违反了控审分离的原则。那么在这个意义上，检察官实际上要为了履行好刑事指控的职责，对于审前在收集证据的时候，从侦查开始，就应当积极发挥职能，使得刑事指控有确实、充分的证据基础。因此，控审分离原则对侦控关系就有重要影响，两者不应该是脱节的，侦查应该为指控奠定良好的基础。为此，履行刑事指控职责的检察机关就应当对侦查发挥积极有效的作用。

控审分离原则对于控辩关系的影响更是突出。有个法律谚语，"如果指控者和审判者是同一个人,那么,只有上帝才能够做辩护人"。这个谚语很能够说明一些问题。当然,这个谚语所要表达的可能是不够准确的,如果指控者跟审判者是同一个人的话,那么即使是上帝来做辩护人,也要被认为是个魔鬼,就不再可能被认为是上帝。因为指控者跟审判者若是同一个人,就意味着他已经认定了被告人是罪犯,指控的同时已经完成了审判,所以控审分离对于控辩审三者的关系也有重大的意义。

另外,还需要注意,审判者只能在指控的范围内进行审判,而不能超越指控的范围来进行审判。指控被告人有罪而法院经审理可以不认定指控的犯罪,但是不能增加指控,这是控审分离的应有之义。对于量刑建议也是如此,检察机关一旦提出量刑建议,那么审判机关就只能在量刑建议的范围内(幅度下)进行审判,而不能超越,这也是题中应有之义。

三、检察机关履行职责的基本原则——以客观公正原则为例的分析

检察机关履行职责应当遵循一个基本原则,即客观公正义务或者叫客观公正原则。这个原则实际上已经成为世界公认的应当普遍遵循的一个基本原则。1990年联合国通过的《关于检察官作用的准则》规定了检察官的客观公正义务,这又被称为客观公正原则。这个原则在检察机关履行刑事指控职责的时候特别重要,体现在很多方面。例如,我们国家的刑事诉讼法明确规定,在收集证据的时候,应当收集有罪的证据和无罪的证据、罪重的证据和罪轻的证据,应当全面收集、客观收集。而且,不仅仅是收集证据,分析证据、运用证据、认定证据等,都应当遵循客观公正原则。在履行刑事指控职责的时候,检察官

对于无罪的证据和罪轻的证据，同样应当高度重视，甚至应当能够达到排除合理怀疑的程度。

在这个意义上，刑事指控中的客观公正义务是一个世界性的普遍的要求，在我国应该做得更好。我国检察机关遵循客观公正原则的基础更为扎实，我国检察机关是法律监督机关。作为法律监督机关，若不能秉持客观公正的原则，怎么可能履行好自己的职责？因此，我国检察机关为履行好刑事指控方面的责任，更应遵循客观公正原则。

四、刑事证明的基本原则——以证明责任为例的分析

刑事证明的基本原则，也是检察机关履行刑事指控职责所应当遵循的基本原则。这个方面的原则内容也很多，重点以《刑事诉讼法》第 51 条规定的证明责任为例分析。《刑事诉讼法》第 51 条明确规定了指控有罪的证明责任由控方承担。公诉案件的证明责任由检察机关履行，自诉案件由自诉人履行。这一条规定在制定时曾有一个过程，当时起草修改稿时，这一条原则的后面是拖着一个尾巴的，即"法律另有规定的除外"，一直到 2012 年全国人大审议的时候才去掉。之所以把尾巴去掉，规定举证责任由控方承担，这是现代证明的一个铁律，不应该有例外，不能有倒置，也不能有转移。

当然，刑法对犯罪的规定可以根据特别情况进行特别设置，巨额财产来源不明罪就是这样一种设置，持有型犯罪也是一种特殊设置。这种特殊设置是因为实践中很难证明他是贪污或者受贿所得，很难证明他的毒品是制造还是运输或者贩卖，这些都是刑法的一种特别的设置，但是证明责任仍然应由控方承担。刑法的这种特殊设置，并不意味着刑事诉讼法的证明责任的例外、倒置、转移。刑事诉讼法一旦设定了证明责任可以"法律另有规定的除外"，那么后果可能会很严重。

即使控方未能履行好证明责任，未能证明被告人的非法持有，但是如果被告人不能证明自己无罪，就可以判定他有罪。

举证责任的含义并不仅仅是有确实、充分的证据证明自己的诉讼主张，还有一个核心要义是有证明责任者若不能证明自己的诉讼主张，那么其诉讼主张就要被否定。因此，如果证明责任可以倒置、例外、转移，那么，一旦做无罪申辩的时候，若证明不了自己无罪，即使控方未能证明被告人犯罪，也可以判定被告人有罪。这是很危险的，所以，这个尾巴一定要去掉。当然，现在的理论界和实务界是不是形成了一致意见，也还有疑问，实践中发生的情况很复杂，需要研究的问题很多。

关于证明责任的原则对检察机关履行刑事指控职责的重要意义，还应当看到，不仅有罪的证明责任由控方来承担，而且因为现在控方还有提出量刑建议的职责，因此证明量刑建议的责任也应当由控方承担。量刑建议是2018年刑事诉讼法修改专门对检察机关职责的规定，尽管该规定针对的是认罪认罚从宽的案件，然而，在我看来，检察机关应该对所有刑事案件都提出量刑建议。检察机关履行刑事指控职责怎么能只求罪不求刑？作为指控者，当然是既要求罪也要求刑。而既然求刑的话，举证责任当然也应在控方。检察机关不仅应当提出量刑建议，并且需要证明。我想，这个问题最开始可能是大家没有形成共识，但现在越来越多的人会认同。

关于举证责任的基本原则，还有最后一个需要说明的问题，那就是控方不仅要提出证据，而且要运用证据来证明自己的诉讼主张，这同样是十分重要的一个问题。证明是很不容易的，以为有了证据就能够证明，实际上不是那样的。刑事诉讼中的证明要经历审判的检验，要经受辩护方的挑战，要达到事实清楚，证据确实、充分的程度是很难的。因此，如何证明是检察机关履行好自己刑事指控责任的一个特别重要的内容。

总之，检察机关履行刑事指控的职责所应当遵循的原则，是一个完整的体系，完整的体系还包括相关的诉讼规则。不仅如此，检察机关要履行好自己的职责，还要和其他相关的原则和规则相结合，形成协调的体系。例如，检察机关的考核指标如果不能与此相协调，其履行刑事指控职责就可能变形，甚至变异。因此，要构成完整的体系，才能有效地履行好刑事指控的职责。

以证明标准为核心的刑事指控证据体系之构建

熊秋红[*]

2014年10月，党的十八届四中全会提出"推进以审判为中心的诉讼制度改革，确保侦查、审查起诉的案件事实证据经得起法律的检验"。2015年6月，最高人民检察院提出"积极适应以审判为中心的刑事诉讼制度改革需要，构建以证据为核心的刑事指控体系和新型诉侦、诉审和诉辩关系"。2018年11月，最高人民检察院发布的《"十三五"时期检察工作发展规划纲要》指出，检察机关将构建以证据为核心的刑事指控体系，建立健全与多层次诉讼体系相适应的公诉模式。2018年11月，最高人民检察院制定的《2018—2022年检察改革工作规划》提出，"健全完善以证据为核心的刑事犯罪指控体系。构建诉讼以审判为中心、审判以庭审为中心、庭审以证据为中心的刑事诉讼新格局，完善证据收集、审查、判断工作机制，建立健全符合庭审和证据裁判要求、适应各类案件特点的证据收集、审查指引，深化书面审查与调查复核相结合的亲历性办案模式，确保审查起诉的案件事实证据经得起法律检验"。从最高人民检察院提出"构建以证据为核心的刑事指控体系"以来，该提法的内涵不断丰富和发展，先是强调要处理好控诉职能与侦查职能、审判职能、辩护职能的关系，后又注意到刑事指控体系与刑事诉讼体系的关系，紧接着又强调要完善证

---

[*] 熊秋红，中国政法大学教授。

据收集、审查、判断的机制。对于"构建以证据为核心的刑事指控体系"的含义以及具体要求，大家的认识总体上还比较模糊，需要进行清晰的理论解读。

一、两个关键词："以证据为核心"与"刑事指控体系"

"以证据为核心"转化成理论表述，其基本含义是要奉行证据裁判主义，即对于案件事实的认定必须有相应的证据予以证明。证据必须是有证据能力和证明力的证据；而对于证据是否具有证据能力和证明力，需要以一定的方式进行审查判断。

"刑事指控体系"涉及检察机关在刑事诉讼中所扮演的基本角色，检察机关作为公诉机关，面向法院，对被告人提出刑事指控。起初，这种指控仅涉及对被告人的定罪问题，起诉书中仅要求法院将被告人是否有罪作为审判对象；后来扩展到量刑问题，即检察机关提出量刑建议，由法院进行司法审查。2012年修改后的刑事诉讼法增设了对依法不负刑事责任的精神病人的强制医疗程序，在该程序中，检察机关所提出的强制医疗申请可以视为刑事指控的一种新类型。以上三种都可以称为"对人之诉"。后来，由于"对物之诉"的发展，涉案财物的处置问题成为审判的对象，检察机关的刑事指控又包含了对涉案财物的处置申请。在犯罪嫌疑人、被告人逃匿、死亡案件违法所得没收程序中，不涉及对人之诉，仅涉及对物之诉，检察机关所提出的没收违法所得的申请，也可视为刑事指控的一种新类型。刑事指控从过去具有单一性，到后来呈现多元化发展态势，因而形成了"刑事指控体系"。在刑事指控体系中，不同类型的刑事指控都需要以证据作为支撑，即以证据为核心。

"刑事指控"是一个与审判对象相关联的概念，审判对象又可称之为诉讼客体。从刑事证明的角度来看，证明对象与诉讼客体呈现"一体两面"的关系。证明对象包括实体法事实、程序法事实和证据法事实。与定罪量刑有关的实体法事实是证明对象的基本部分；同时，由于现代刑事诉讼对诉讼证明活动施加程序控制，使得某些程序法事实（如管辖、回避、强制措施、诉讼期限、违反法定程序等）也成为证明对象的组成部分。随着刑事证据法的发展，对证据法事实（即证据是否具有合法性）的证明成为刑事诉讼中无法回避的问题，因此，证据法事实也成为证明对象。从广义上讲，可将证据法事实纳入程序法事实的范畴。在程序正义观念极为发达的英美普通法国家和地区，在刑事审判中，大约有一半以上的时间用于处理程序性争议。

在刑事审判中，控辩双方都会提出诉讼主张。"刑事指控"是检控方提出的一种诉讼主张，遵循"谁主张，谁举证"的基本原则，检察机关对自己所提出的刑事指控需要承担证明责任。检察机关的举证如果达不到证明标准，就会承担败诉的风险。可见，"构建以证据为核心的刑事指控体系"涉及检察机关的证明对象、举证责任、证明标准、证据规则等一系列的理论和实践问题。

二、从比较法的视野看被告人有罪的证明标准及其实现条件

刑事证明标准，是刑事诉讼中证明主体运用证据证明案件待证事实所需达到的程度要求。在刑事诉讼中，证明标准是贯穿整个刑事证明过程始终的一根金线。刑事诉讼主体收集证据、审查判断证据、运用证据进行实体处理的活动均需围绕着证明标准而展开。检察机关运用证据证明指控事实，离不开"证明标准"这样一个基本指引。

检察机关刑事指控的基本部分是实体法事实。对于检察院提起公诉的证明标准与法院定罪的证明标准是否应当同一，我国理论界存在

不同的认识。在英美刑事诉讼中，以可能性或确定性的不同程度来划分证明标准。在不同的诉讼阶段存在着不同的证明标准，从侦查、审查起诉到审判，证明标准在可能性或确定性程度上呈递进的趋势。在美国，大陪审团起诉的证明标准被表述为"可能的原因"，而小陪审团定罪的证明标准则表述为"排除合理怀疑"。"可能的原因"是一个介于"怀疑"与"确信"之间的概念，其可能性程度高于"怀疑"、低于"确信"，具有某种游移性，这种状态使得起诉标准具有不确定性，导致实际适用上的两难处境：假如滑向定罪标准，结果将会认为审查起诉程序与审判程序可以相互替代；假如滑向"怀疑"的证明标准，将会削弱其对不当指控的控制功能，因而不能对被指控人提供现实的保护。在这两者之间，很难找到一个停靠点——一种明确的、中间程度的可能性。有学者认为，"可能的原因"失败于解决起诉标准所面临的困境，却又假定这种困境已经获得解决。为了解决起诉标准的这种不稳定性，后来，将起诉标准表述为"表面上证据确凿"。但它所采用的方法不是对"可能性"一词增加限制语，而是规定一种法律程序，以促进达到中间程度的可能性，即大陪审团通过听取检控方单方意见作出起诉决定，它也要达到"排除合理怀疑"的相信，这种相信高于"怀疑"和"优势证明"，但低于小陪审团通过听取控辩双方意见后所达到的"排除合理怀疑"的相信。

从我国刑诉法的规定看，侦查机关侦查终结、移送起诉，检察机关提起公诉，人民法院作出有罪判决的证明标准均表述为"犯罪事实清楚，证据确实、充分"。另外，《刑事诉讼法》第55条第2款规定：证据确实、充分，应当符合以下条件：（1）定罪量刑的事实都有证据证明；（2）据以定案的证据均经法定程序查证属实；（3）综合全案证据，对所认定事实已排除合理怀疑。从立法表述上看，在我国，检察院的起诉标准与法院的定罪标准具有同一性，均需达到最高的证明程度。

从比较法的视野看，证明标准不仅涉及认定案件事实主体的心证程度，而且与证明程序密不可分。法定程序的繁简影响着证明标准的实现。在普通法下，由于审查起诉程序与审判程序的繁简程度存在差异，导致了在证明标准表述上的差异。依此逻辑，在我国，如果要实现起诉标准与定罪标准的同一性，不仅要求审查起诉阶段与审判阶段证据的量与质具有同一性，而且要求证明程序具有同一性，以便使检察官能够对被指控人有罪形成排除合理怀疑的内心确信。此外，认定案件事实主体的构成（包括主体资质与人数）以及表决规则（如简单多数、绝对多数、完全一致），也是关系到证明标准能否实现的重要因素。

在普通法下，检控官在考虑是否就某个案件提出刑事指控时，主要考虑两个因素：其一，是否有足够的证据作为刑事指控的基础，在一些模棱两可的情况下，可能不会提出起诉；其二，提出指控是否符合公众利益。前者是最重要的因素。对于起诉标准的把握，简易程序罪与公诉程序罪存在明显的差异。比如，在我国香港特区，对于简易程序罪，如果检控官认为表面证据确凿，就可以提交裁判法院审理；对于公诉程序罪，则存在"交付审判程序"，被告方有权要求裁判法院就表面证据是否成立进行审理，称为初次侦讯。如果裁判官认为检控方没有提出足够的表面证据支持控罪，可以裁定撤销控罪，释放被告人；如果裁判官认为有足够的表面证据支持控罪，就可将案件交付高等法院原讼法庭审理。被告方也可以放弃初次侦讯，这样案件就会直接交付高等法院原讼法庭审理。

三、我国刑事证明标准的客观化与主观化

2010年以来，我国刑事诉讼中的证明标准出现了越来越具体化的发展趋向。立法者对"案件事实清楚，证据确实、充分"这一最为重要的证明标准，确立了一系列具体规范，包括：（1）每一案件事实都有证据证明；（2）单个证据具备证据能力和证明力；（3）证据之间相互印证；（4）全案证据形成完整的证据链；（5）直接证据得到其他证据的补强；（6）结论具有唯一性和排他性。这种将证明标准具体化、客观化的立法努力，既体现了理论界多年来对证明标准问题的理论概括，也对实务界在个案中对证明标准的司法探索进行了系统总结。相对于原有的过于抽象化和哲理化的立法表述而言，证明标准的具体化和客观化对于司法人员准确把握"证据确实、充分"的内涵，规范和约束司法人员在认定事实方面的自由裁量权，的确会产生积极的作用。这种客观化的证明标准，也为审查起诉阶段与审判阶段遵循相同的证明标准提供了前提。以客观化的证明标准为指引，检察机关"构建以证据为核心的刑事指控体系"，就可以理解为"构建以证明标准为核心的刑事指控证据体系"。

自2003年以来，江苏、上海、江西、广东、河南等地的司法机关制定的地方性证据规定中出现了"排除合理怀疑"的表述。2012年《刑事诉讼法》第53条正式引入了"排除合理怀疑"，尽管只是用其进一步说明"证据确实、充分"的要求，但仍可被视为我国证据制度的一个重要变革。"排除合理怀疑"是司法人员对全案证据进行审查后形成的一种主观标准，用来衡量案件事实认定者的心证程度。"排除合理怀疑"的证明标准具有弥补"证据确实、充分"之不足的可能性。过去往往根据客观化的证明标准直接得出被告人实施犯罪行为的结论，容易造成司法人员在认定犯罪事实方面的机械司法。在实践中，部分

案件即便达到了所谓客观标准，但也还存在司法人员是否内心形成确信、是否存在合理怀疑的问题，因为客观化的证明标准仍然难以解决证据是否足够的问题。立法者引入"排除合理怀疑"的证明标准，是为了形成主客观相融合的证明标准。对"合理怀疑"具体含义的解释，可以从"证据不足"的客观情形中发现线索。假如案件存在着"证据相互不能印证""直接证据无法得到补强""结论不具有排他性和唯一性"等情况，一般都可以将其视为"存在合理怀疑"，这种情况也就等于"证据不足"。

这种主客观相结合的证明标准在司法实践中执行时，可能会产生司法人员基于自身的实践偏好和知识倾向"选边站"的问题。在《刑事诉讼法》第55条第2款中所体现的证据裁判原则（"定罪量刑的事实都有证据证明"）与证据转化为定案根据的条件（"据以定案的证据均经法定程序查证属实"）对于证明标准的界定、明晰并没有多少实际意义，因此，刑事诉讼法对于证据确实、充分的解释中唯一具有实质价值的就是"综合全案证据，对所认定事实已排除合理怀疑"，这样就导致实践中用主观的证明标准解释客观的证明标准，或者演变为证据确实、充分与排除合理怀疑的相互定义。在实践中，司法人员有时将证据确实、充分与排除合理怀疑并列表述，二者相互补充，从正反两方面共同形成关于被告人有罪的证明。司法人员运用实践智慧更多从提高事实认定准确性的角度来界定、解释刑事诉讼法所规定的证明标准，从而避开了认识论上的分歧。

刑事证明标准在立法、实践上主客观相结合的努力，不足以解决司法实践中司法人员所面临的准确认定案件事实的难题，西方国家将此难题寄托于高素质的司法人员的主观判断以及诉讼程序的保障。

四、保障刑事证明标准实现的外部机制建设

在刑事证明标准的设置问题上，有罪和无罪是一种此消彼长的关系。证明标准设置得越高，定罪就会越困难，也就越能保护无辜者不被错误定罪的实体权利。但与此同时，过高的证明标准也会增加对有罪者定罪的难度，从而增加错误释放的风险。

在我国，始终强调要坚持刑事证明的最高标准，并且将这种最高标准贯穿于刑事诉讼的全过程。强调刑事证明的最高标准固然重要，但更为重要的是要建立保障证明标准能够实现的外部机制。在错判风险的防范机制上，英美普通法国家和地区更为注重发挥审前程序的过滤功能以及对无辜者进行程序分流，从而缓解证明标准所承载的法官准确认定案件事实的压力。

对于最高人民检察院所提出的"构建以证据为核心的刑事指控体系"这样一个要求，地方检察机关在实际执行的过程中，都非常重视外部机制建设。比如，在证据收集上，重视检察引导侦查、侦检合作、侦查监督，以保障证据收集的全面性、客观性、合法性；在证据审查上，注重完善审查方式，引入听证式的审查机制；在证据运用上，重视案例指导、类案指导以及证据标准建设。同时，也很关注刑事证明方法的运用，比如，以人证为主、以物证为主、以科学证据为主的刑事指控证据体系的构建；注重逻辑证明方法、实证证明方法、高科技证明方法的综合运用，将运用经验与运用科学相结合。此外，在办案理念上强调"重证据、重调查研究、不轻信口供"，强调"客观性证据优先"，强调"惩罚犯罪与保障人权并重"等。

在提起刑事指控的案件中，检察机关对于刑事证明标准的把握最终要受到法庭审判的检验，因此，大量的研究又围绕着庭审实质化、检察机关如何更好地履行证明责任而展开。在司法实践中，认罪认罚案件与不认罪认罚案件，检察机关的证明难度存在显著的差异。在对席审判与被告人缺席审判中，检察机关的证明难度也有明显的不同。为了保障刑事证明的高标准，绝大多数国家和地区对于缺席审判持非常审慎的态度，严格限制甚至不允许在重罪案件中适用缺席审判程序。

总体而言，构建以证据为核心的刑事指控体系是一项系统工程。我们既要看到证明标准在其中的引领作用以及严格把握证明标准的重要性，同时更要看到加强外部保障机制建设的重要性。只有内外协同，多方位着力，才能真正实现最高人民检察院党组和应勇检察长所提出的"高质效办好每一个案件"这一新时代新征程检察履职办案的基本价值追求。

工作展望
Gongzuo Zhanwang

深化落实"高质效办好每一个案件"
推动普通犯罪检察工作提质增效

罗庆东 *

2024 年，全国检察机关普通犯罪检察工作的总体思路是，坚持以习近平新时代中国特色社会主义思想为指导，深入贯彻习近平法治思想和习近平总书记对政法工作、检察工作的重要指示精神，按照中央政法工作会议和全国检察长会议部署，紧紧围绕深化落实"高质效办好每一个案件"的基本价值追求，坚持"三个善于"，全面准确落实宽严相济刑事政策，深化适用认罪认罚从宽制度，推动侦查监督与协作配合机制实质化、规范化运行，完善以证据为中心的刑事指控体系、中国特色轻罪治理体系、刑事诉讼制约监督体系，积极推动以检察工作现代化服务中国式现代化。

一、依法履行刑事检察职能，切实维护国家安全和社会稳定

为大局服务、为人民司法、为法治担当，是检察机关围绕党和国家中心任务全面履行检察职能的必然要求。各级检察机关普通犯罪检察部门要坚定拥护"两个确立"、坚决做到"两个维护"，以实际行动维护国家安全、社会安定、人民安宁。

纵深推进常态化扫黑除恶斗争。坚持常态化扫黑除恶法治化、规范化、专业化，专项督导涉黑涉恶案件统一把关制度落实情况，深化

---

* 罗庆东，最高人民检察院第一检察厅副厅长、一级高级检察官。

涉黑涉恶案件实质化指导把关，建立完善涉黑涉恶案件备案审查制度，切实做到"是黑恶一个不漏、不是黑恶一个不凑"。加大对黑恶犯罪惩治力度，重点打击金融领域、破坏把持基层政权、涉网络等黑恶犯罪。强化涉黑涉恶案件法律监督，做好"黑财"处置、"打伞破网"等工作。持续加强行业治理整顿和综合治理，实现治罪与治理的有机统一。促进各级检察机关加强扫黑力量建设，建设素质过硬、业务精通的黑恶犯罪案件办理团队。

依法惩处各类普通刑事犯罪。依法从严追诉绑架、强奸、重伤害等严重暴力犯罪，持续从严惩治拐卖妇女犯罪，研究制定办理性侵犯罪案件指导意见。加强诈骗等侵财类案件重点疑难问题研究指导。协同整治网络谣言特别是网络暴力等违法犯罪，推动网络空间安全清朗。配合相关部门持续开展打击防范文物犯罪专项工作，实现全链条打击、一体化防治。加大对跨境赌博犯罪集团的打击力度，依法严惩对我国公民招赌吸赌跨境赌博犯罪。加强对涉军类刑事案件的指导和办理，切实保障军人军属合法权益，服务国防和军队现代化建设。

持续做实检察为民。会同开展"检护民生"专项行动。持续做好医保骗保专项整治工作，挂牌督办欺诈骗保重点案件。积极开展根治欠薪专项行动，依法维护劳动者合法权益。会同开展"检察护企"专项行动，加强涉民企黑恶案件审查把关，开展环境资源等专业性较强领域涉企合规。加强涉侨检察工作，建立完善涉侨检察工作机制，维护侨胞侨企合法权益。

依法惩处破坏环境资源犯罪。认真落实全国生态环境保护大会精神和全国人大常委会审议专项报告意见，继续开展严厉打击危险废物污染环境违法犯罪、第三方环保服务机构弄虚作假等专项行动。配合做好生态环境法典编纂，起草污染环境犯罪案件证据指引，为环境资源执法司法提供更充分依据。会同有关部门开展同堂培训、组建专家人才库，打造高素质的环境资源刑事检察队伍。

高质效办好最高检直接办理案件。以"如我在诉"的责任感抓好自办案件，严格遵守办案期限，提高办案质效。规范落实检察官联席会议制度，发挥集体智慧优势。健全刑事申诉、核准追诉、指定管辖等各类案件上下级检察机关办案衔接机制，共同提升办案质效。

协同完善以证据为中心的刑事指控体系。与公安机关研究会商刑事案件办理中面临的制度机制、法律适用等问题。修订完善审查逮捕、审查起诉质量评价体系和标准。牵头制定检察机关提前审查案件工作指引、刑事案件口供审查工作指引等。制定补充侦查指导意见，跟进监督退回补充侦查，不断提升补充证据质量。

二、健全完善刑事诉讼制约监督体系，着力提升监督质效

切实履行刑事检察法律监督职能，做到敢于监督、善于监督、勇于自我监督。以加强刑事检察全流程规范化建设为抓手，围绕执法司法领域突出问题全面提升刑事诉讼监督质效，自觉在促进社会公平正义中担当作为。

规范刑事立案、侦查活动监督工作。研究制定加强和规范立案监督的指导意见，统一、规范立撤案监督办理标准、流程和工作要求。升级完善侦查监督平台，调整优化监督内容、方式，规范监督文书制发程序，探索将提前介入、侦监协作办公室日常工作以及大数据监督模型应用中开展的立案、侦查活动监督工作纳入侦监平台管理。建立侦查监督质量评查通报机制，适时对侦查监督数据异常省份开展交叉评查。

加大刑事立案、侦查活动监督力度。认真落实《人民检察院、公

安机关侦查监督与协作配合办公室工作规范》。围绕刑事立案环节"应立不立"、"应撤不撤"、长期"挂案"等执法司法突出问题，有针对性地加强检警机关监督办案数据、考评考核指标的通报、会商，形成监督合力、提升监督实效。部署开展第二届"十大优秀立案监督、侦查活动监督案例"评选活动。

加强刑事审判监督工作。根据刑事审判违法和瑕疵的不同情况综合运用抗诉、纠正审理违法、检察建议、口头监督等方式提升监督效果。准确把握抗诉必要性，加大刑事抗诉力度。对涉及法治原则和法律统一正确实施确有错误的判决，发挥检察一体优势，依法坚持抗诉。积极稳妥推动逐步扩大二审开庭范围。加强与法院沟通，定期就重大问题进行交流。

加强数字检察与刑事诉讼监督的衔接与融合。依托数字化、信息化手段拓展监督新领域。整合、升级立案监督、侦查活动监督智能辅助办案系统，帮助提升检察官全面准确筛查、发现监督线索的能力水平。推广"假立功""另案处理"等大数据监督模型在监督办案中的实际应用。会同有关部门完善行政执法与刑事司法衔接机制。深化推进"食药环知"领域监督办案信息共享，推动提升办案规范化水平。

三、坚持守正创新，推动刑事检察工作现代化

各级检察机关普通犯罪检察部门要坚持守正创新、务实有为，确立现代刑事司法理念和政策，以创新精神破难题、解新题，狠抓制度落实，运用法治力量推动刑事检察工作现代化。

深化认罪认罚从宽制度适用。健全保证认罪认罚自愿性、真实性工作机制，进一步深化审查起诉阶段律师辩护全覆盖试点工作。提升量刑建议合法性、恰当性，更好落实同步录音录像制度，推动量刑智

能辅助系统应用，改进认罪认罚告知书、具结书等检察文书。联合最高人民法院逐步扩大常见犯罪量刑指导意见案件范围，开展量刑规范化与量刑建议同堂培训。建立轻微犯罪认罪认罚案件快速办理机制，进一步释放制度效能。

推动完善中国特色轻罪治理体系。准确把握罪与非罪、违法与犯罪界限，加强对小额多次盗窃、掩隐、非法捕捞、非法狩猎等轻微犯罪案件入罪标准的研究，探索梯次治理模式。落实轻微犯罪案件依法少捕慎诉慎押具体工作要求，会同有关部门制定指导意见。完善轻微犯罪案件行刑衔接机制、多方参与的矛盾纠纷化解联动机制，坚持和发展新时代"枫桥经验"，推进矛盾纠纷法治化实质性化解。加强理论研究，组织开展轻罪治理主题征文、研讨会，为体系构建提供理论支撑。

强化制度机制和规范落地落实。认真落实羁押听证办法、轻伤害案件指导意见、研究出台办理不起诉案件指导意见，全面准确落实宽严相济刑事政策。加强捕后羁押必要性审查、评估，规范羁押性强制措施适用。健全公开听证机制，坚持"应听证尽听证"。引导正确认识不捕不诉复议复核的内部监督、层级监督作用，发挥好复议复核程序防错纠偏、统一司法标准的作用。常态化开展对无罪、引起负面舆情的案件，以及办理刑事申诉案件时反向审视工作，提升办案质量。

加强刑事检察规范化建设。高度重视刑事检察业务管理。健全完善刑事检察监督办案规范体系，构建从案件受理、审查到结案的全流程规范监督机制，细化权力运行机制、监督管理措施。加强条线业务数据分析，让数据更真实、问题更聚焦、措施更有效。强化异常监督办案数据评查、个案复查、典型负面案件通报机制。常态化开展对无罪、申诉、引起负面舆情等案件的反向审视，提升办案质量。

加强刑事检察业务指导。依法妥善办理社会广泛关注的案件，不断提高政治敏锐性和政治鉴别力，研究制定指导意见。加强基层联系点建设，充分借助基层一线优势，推广改革试点、组织理论研究等。畅通信息报送渠道，及时转发、推广成功经验、创新做法以及有借鉴和参考价值的工作信息。组织召开全国刑事检察工作会议，研究部署当前和今后一个时期刑事检察工作。

四、坚持政治建设为统领，着力锻造忠诚干净担当的普通犯罪检察铁军

队伍建设是推动新时代检察工作高质量发展的关键。面对检察工作更高履职要求，全国检察机关普通犯罪检察部门要认真落实最高检《关于加强新时代检察队伍建设的意见》，在政治建设、能力建设、作风建设等方面持续发力，着力锻造忠诚干净担当的普通犯罪检察铁军。

全面加强刑事检察队伍政治建设。深刻领悟党的创新理论对法治建设、司法工作、检察履职的要求，深入践行中国特色社会主义检察理念，坚决做到"六个坚持"。培树和坚守高质效办案所要求的价值观和职业操守，引导检察官形成求真务实、担当实干、严格依法办案的自觉。重视刑事检察司法理念研究，采取措施加强教育培训和引导，不断提升干警司法办案大局观念和系统思维。

多措并举，大力提升队伍素质能力。针对短板弱项，鼓励各地开展业务培训、岗位练兵、庭审观摩等活动。组织开展全国优秀公诉人巡讲、检察官说案、案件审查报告评比等系列活动，会同有关部门举办检察官律师论辩赛。调整、充实普通犯罪检察人才库，充分发挥领军人才和业务专家的示范带动作用。

不断加强队伍纪律作风建设。深入落实全国检察机关党风廉政建设会议精神，学习贯彻新修订的《中国共产党纪律处分条例》，推进全面从严治检。充分认识刑事检察权运行方式变化对廉政风险的影响，健全制度机制，强化对检察官办案自主权的制约监督。持续深化纠治"四风"和司法办案不正之风。健全防止干预司法"三个规定"等重大事项记录报告制度常态化落实机制，加强对重点办案环节、廉政风险点的监督。

奋力推进重罪检察工作高质量发展

元 明[*]

2024年，全国检察机关重罪检察部门要以习近平新时代中国特色社会主义思想为指导，全面贯彻习近平法治思想，深入学习贯彻党的二十大精神、中央政法工作会议精神，深化落实《中共中央关于加强新时代检察机关法律监督工作的意见》，按照全国检察长会议部署，坚决维护国家安全和社会稳定，坚持高质效办好每一个案件，强化诉讼监督，深化诉源治理，加强队伍建设，求真务实、担当实干，以重罪检察工作高质量发展助推检察工作现代化，为服务中国式现代化贡献法治力量。

一、依法惩治危害国家安全犯罪，坚决维护国家政治安全

依法严惩分裂国家、颠覆国家政权等各类危害国家安全犯罪。坚决贯彻总体国家安全观，高质量完成涉国家政治安全各项工作任务，努力构建大安全格局。与国家安全机关完善侦查监督与协作配合机制，增强维护国家安全工作合力。推动会签办理危害国家安全犯罪活动案件适用法律的规范性文件，解决法律适用疑难问题。按照区域案件类型，分片区、分专题召开座谈会，深入研究区域案件新特点、规律及疑难问题，研究提出解决对策，强化对下业务指导。

依法严厉打击邪教、迷信犯罪，就重罪检察部门办理邪教犯罪案

---

[*] 元明，最高人民检察院第二检察厅厅长、一级高级检察官。

件证据审查指引的试行情况开展调研。深入研究非法宗教活动相关法律问题,加大对非法宗教活动打击力度。与有关部门研究制定办理利用迷信破坏法律实施刑事案件证据收集、审查规定,编发反邪教典型案例。结合办案,积极推进诉源治理。深化军地检察协作。与军事检察院联合开展调研,适时召开军地检察协作座谈会。编发军地检察协作工作专刊,发布典型案事例,总结推广军地检察协作实践经验。

二、依法严惩危害公共安全犯罪,全力维护社会大局稳定

依法精准打击暴恐犯罪,依法履行批捕、起诉职能,严厉、精准打击暴力恐怖等犯罪。落实宽严相济刑事政策,防范化解重大涉稳风险,促进长治久安。健全完善反恐维稳法治化常态化工作机制。落实涉恐重大案件请示报告、快速反应、提前介入引导侦查、信息通报、专案会商等工作机制,强化业务数据分析研判,加强业务指导。深挖案件背后的社会治理问题,研究制发检察建议推动诉源治理。积极配合有关部门,协助制定并落实推进反恐维稳法治化常态化相关指导意见。

依法惩治涉枪涉爆类犯罪,依法严惩非法制贩枪爆、网络贩卖枪爆、枪爆与恐黑赌毒合流等犯罪活动。强化侦检协作配合,积极探索与公安机关建立健全涉枪爆案件立案通报机制。加强涉枪爆犯罪"两项监督"工作,对于涉枪爆案件或者其他案件中的另案处理、应立未立、久拖不结、违法办案、违法取证等问题依法开展监督,加大纠正漏捕漏诉力度。加强枪爆犯罪专题研究,推进综合治理。就枪支散件认定、以气体为动力的非制式枪支定罪量刑标准、新型爆炸物认定等重点、难点问题开展调研,以问题为导向,多措并举破解司法办案制约瓶颈。继续推进"七号检察建议"落地落实,针对办案中发现的涉枪爆问题，适时向主管部门制发检察建议，提出强化管理、建章立制、堵塞枪爆物监管漏洞的建议。加大枪爆违法犯罪普法宣传力度，充分运用公开听证、典型案例以案释法，宣传枪爆物品管理法律规范。

依法惩治危害生产安全犯罪，严格落实重大案件快速反应机制，对重大安全生产案件挂牌督办、加强指导。推动各地检察机关积极参与事故调查，落实宽严相济刑事政策，准确把握案件起诉标准，加大公开听证方式在不起诉案件中的适用。加强业务数据分析研判，进行业务数据通报。强化对危险作业案件的研究和办案指导，制发典型案例，引导公安机关准确把握入罪标准。积极参与"检察护企"专项行动，推进涉案企业合规在危害生产安全案件中的适用，培育、发布典型案例。

持续深化落实最高检"四号检察建议""八号检察建议"，促进公共安全诉源治理。着力打好"治罪+治理"的组合拳，联合相关职能部门督促企业堵漏建制，完善安全生产内控机制，推进安全生产治理能力提升，防范化解安全生产风险。强化公共安全领域专项监督，形成窨井盖治理常态化机制，切实维护老百姓"脚底下的安全"。

三、依法惩治故意杀人、抢劫、毒品犯罪，切实维护人民生命财产安全

依法严惩故意杀人、抢劫犯罪，强化案件提前介入、引导侦查及自行补充侦查工作。依法从严惩治恶性犯罪，切实增强人民群众安全感。对精神病人肇事肇祸等案件，做好分析研判和诉源治理，配合做好社会综合治理工作。

依法严厉打击各类毒品犯罪，加大涉毒洗钱等涉毒资产犯罪惩治力度。配合有关部门开展易制毒化学品等涉毒专项整治活动。深入调

研涉麻醉药品、精神药品案件法律适用问题，推动完善相关司法解释，制发办案指导意见、检察建议，推动完善麻醉药品、精神药品监管机制。加强毒品犯罪案件检察监督工作。依法追诉涉毒漏罪、漏犯。逐案排查毒品犯罪案件监督撤案情况，通报不当监督问题。对毒品犯罪案件不捕不诉、判决无罪、撤回起诉情况开展调研，分析问题原因、研究对策方案。

加强故意杀人、抢劫、毒品犯罪案件业务数据分析，结合《检察机关案件质量主要评价指标》，有针对性地强化对下指导。针对重罪案件自行补充侦查、陈年积案办理中遇到的难题，研究制定办案指引。积极稳妥推进重罪案件适用认罪认罚从宽制度。发挥最高检第三十七批指导性案例及相关典型案例指引作用，有效惩治新型毒品犯罪。编发惩治涉毒洗钱犯罪、涉毒资产查处等典型案例。以检察建议促进社会治理，抓好最高检"十一号检察建议"落实工作，助推实现养老领域"抓前端、治未病"。持续抓好最高检"七号检察建议"落地落实，会同邮政管理等部门开展专项行动，依法打击寄递领域违法犯罪，健全寄递安全管理长效机制。以禁毒宣传月为重点，持续开展检察禁毒宣传教育。

四、依法能动履职，进一步提升刑事诉讼监督质效

强化立案监督、侦查活动监督，充分发挥侦查监督与协作配合办公室作用，及时发现和纠正应当立案而不立案、不应当立案而立案、长期"挂案"等违法情形。运用好侦查监督平台，及时发现和纠正非法取证等侦查违法行为，规范强制措施和侦查手段适用。组织评选重罪检察部门侦查监督典型案例。深入开展安全生产领域"亡人事故"立案监督。按照《关于加强安全生产领域案件立案监督工作的通知》

要求，深入开展安全生产领域"亡人事故"立案监督工作，着力解决安全生产事故瞒报、谎报死亡人数、有案不移、有案不立、以罚代刑等问题。强化安全生产领域行刑衔接，完善案件线索"双向移送"，推动形成长效机制。

充分发挥刑事审判监督业务指导牵头作用，做好季度数据分析、抗诉案件反向审视、证据补强补证、非法证据排除案件分析通报、内外沟通联络会商等工作，特别是注意发现、剖析和研究解决工作中遇到的问题。督促做好提起公诉后人民法院二年以上未作出一审判决的在办刑事案件的跟踪监督工作。推动部署开展人民法院二审不开庭改判专项监督活动。进一步加强刑事审判监督的力度和精准度。开展抗诉工作标准专项调研，解决类案不同判、标准不明确等问题，细化抗诉的条件和标准。抗诉率较低的地区，要注重构建"犯罪事实+法律适用+量刑情节+涉案财物处置+法条引用+程序事实"的立体监督点，持续拓展监督线索来源；抗诉采纳率较低的地区，要进一步在抗诉标准把握上下功夫，不但要勇于抗诉，还要抗准，体现监督权威。切实提升刑事审判监督质效。研究制定完善检察机关刑事审判监督工作的指导意见。适时召开刑事抗诉工作经验交流会议。总结前期试点经验，有步骤推进"审判监督通用模型平台化"，强化大数据赋能刑事抗诉工作。推进刑事再审检察建议工作，健全完善内部工作流程以及与抗诉衔接机制。

切实加强死刑复核法律监督工作，总结2023年度死刑复核法律监督工作情况，分析存在的问题，研究解决措施。编发因证据问题不予核准死刑的典型案例，反向审视死刑案件政策把握、证据审查和出庭工作中存在的问题。加大死刑（死缓）第二审案件审查和出庭工作指导力度，组织开展死刑案件第二审优秀庭审评选活动。健全完善死刑复核法律监督工作机制。出台指导意见，建立健全最高检、省级、市级检察院三级联动工作机制。推进下级检察院严格落实死刑案件提请监督、报告重大情况和报送备案的工作要求，适时对相关工作情况进行通报。

推动构建以证据为中心的刑事指控体系，最高检第二检察厅积极发挥牵头作用，与各刑检厅分工协作，加强研究论证，制定指导意见。聚焦证据收集审查运用，主动融入以审判为中心的刑事诉讼制度改革，充分发挥检察机关审前过滤把关、指控证明犯罪等作用。坚持证据裁判原则，引导侦查机关依法全面收集证据，从源头上把握证据质量，高质效办好每一个案件。

五、坚持以政治建设为统领，持续锻造忠诚干净担当的重罪检察队伍

深化党建和业务深度融合，把思想政治建设摆在重罪检察队伍建设第一位，坚持不懈学思践悟习近平新时代中国特色社会主义思想，全面贯彻习近平法治思想，以理论上的清醒保持政治上的坚定。突出加强政治能力培养，坚持从政治上着眼、从法治上着力，坚定拥护"两个确立"，坚决做到"两个维护"，不断提高政治判断力、政治领悟力、政治执行力。

着力提升队伍专业素能，注重以习近平文化思想提升重罪检察队伍"软实力"，将司法文明融入重罪检察工作。确立2024年为重罪检察部门"执行力深化年"，着力提升重罪检察队伍专业素能，努力做到"三个善于"。深化公检法同堂培训，举办重大犯罪案件办理同堂培训班、刑事抗诉专题培训班，持续擦亮"重罪检察实务大讲堂"品牌。组织庭审观摩、跟庭评议，不断提升重罪检察官的出庭能力水平。

加强重罪检察理论研究，开展第四届全国重罪检察实务征文活动，进一步提升重罪检察业务书籍编写质量，更好指导和推动重罪检察实践。更新完善重罪检察人才库，选拔一批理论功底深厚、实务经验丰富、具有国际视野的高层次、复合型重罪检察人才，通过开展巡讲、借调办案、参与课题研究等方式加强对优秀人才的培养使用。充分发挥重罪检察证据分析研究基地作用。编发《重罪检察证据分析指引》，更好地指导司法实践。进一步完善工作机制，制定基地管理和服务办法，规范专家聘用、论证案件程序。发挥基地平台优势，在课题研究、人才培养、国际交流、学术研讨等方面加大工作力度，提升品牌意识，扩大影响力。

坚定不移推进全面从严治检，坚持自我革命，勇于自我监督，把全面从严治检贯穿重罪检察履职办案和队伍建设全过程。严格执行"三个规定"，严防人情案、关系案、金钱案，确保重罪检察队伍纪律严明、作风过硬、清正廉洁。

工作展望

为纵深推进反腐败斗争贡献检察力量

史卫忠*

2024年，职务犯罪检察部门将坚持以习近平新时代中国特色社会主义思想为指导，深入贯彻习近平法治思想，全面贯彻党的二十大和二十届二中全会精神，认真落实二十届中央纪委三次全会、中央政法工作会议和全国检察长会议部署，聚焦以检察现代化服务中国式现代化和服务反腐败工作大局，坚持政治统领、法治思维、配合制约、政策指导、诉源治理的工作原则，切实抓好中央反腐败工作规划有关分工任务落实，强化一体履职、综合履职、能动履职、规范履职，推动健全和落实监察执法与刑事司法衔接制度机制，高质效办好每一个职务犯罪案件，积极参与重点领域和行业腐败问题整治，为坚决打赢反腐败斗争攻坚战持久战贡献检察力量。

一、把高质效办理职务犯罪案件作为首要任务抓实抓好

坚持以办案为中心，认真践行最高检党组提出的"高质效办好每一个案件"的基本价值追求，有力巩固拓展反腐败斗争成果。一是高质效办好中管干部职务犯罪等重大案件。加强与监察机关、审判机关办案衔接和配合制约，严格依法办好各类职务犯罪案件特别是中管干部职务犯罪等重大案件，充分发挥提前介入的重要作用，促进查清案件事实、夯实证据基础、准确适用法律；进入诉讼环节后，全面审查、

---

* 史卫忠，最高人民检察院检察委员会副部级专职委员、第三检察厅厅长。

严格把关，认真做好提起公诉、庭前准备和出庭指控工作，在确保法律效果基础上更好实现"三个效果"有机统一。二是共同提升检察侦查案件办理质量。督促落实《关于办理人民检察院立案侦查司法工作人员职务犯罪案件加强配合制约工作的规定》，强化职务犯罪检察部门与检察侦查部门内部配合制约，按照"严格把握法定条件，务必搞准"的要求，进一步做实做细检察侦查案件的提前介入和审查把关工作；针对检察侦查案件不起诉以及被法院判无罪、缓免刑等问题做好总结分析工作，开展"机动侦查"案件审查起诉质量专项分析，加强针对性指导。三是依法稳妥办好反腐败追逃追赃和跨境腐败犯罪案件。会同有关部门加强相关案件筛查梳理、案情研判、证据审查，配合开展劝返遣返追逃，依法做好归案人员核准追诉、审查起诉等工作。对于长期逃匿境外等人员，推动依法适用违法所得没收程序和缺席审判程序。四是结合职务犯罪检察办案促进检察一体融合履职。在办好职务犯罪案件的同时，注意审查发现司法人员渎职侵权、虚假诉讼、民事行政诉讼违法、公益诉讼、洗钱等线索，及时移送职能部门审查处理，为检察侦查、民事检察、行政检察、公益诉讼检察工作提供支持。

二、协同完善监察执法和刑事司法衔接制度机制

针对部分地方"配合有余，制约不足"特别是制约效果层层递减的问题，坚持问题导向、实践导向，通过推动落实、完善制度，进一步增强反腐败工作合力。一是推动修订完善监察执法与刑事司法衔接机制意见。加强与中央纪委国家监委等有关部门沟通，共同研究修订2021年"四部门"发布的《关于加强和完善监察执法与刑事司法衔接机制的意见（试行）》，更好保障职务犯罪案件办理工作，推进反腐败工作规范化法治化；研究制定办理职务犯罪案件指定管辖工作规定等

配套文件，进一步明确原则、确定程序，坚持关联案件一般随主案确定的标准，优化职务犯罪案件司法管辖工作。二是健全联合督导、定期会商工作机制。与中央纪委国家监委、最高人民法院有关部门探索联合调研督导、定期会商研讨，及时解决个案及类案证据审查、事实认定、法律适用等方面分歧问题，督促落实制度机制。三是推进研究解决办案中遇到的新情况新问题。针对实体、程序、证据等方面争议较多的问题，加强与有关部门沟通研究，通过制发司法解释、指导意见、典型案例等适当方式统一认定标准，促进依法准确惩治相关犯罪。四是探索制定常见职务犯罪量刑建议和量刑规范化指导意见。立足职务犯罪案件特点和推进认罪认罚从宽制度适用要求，总结借鉴各地办案经验和相关规范性文件，推动联合出台常见职务犯罪量刑建议和量刑规范化指导意见。五是共同完善特别程序和惩治跨境腐败制度。适应反腐败追逃追赃工作需要，会同有关部门研究制定缺席审判、没收违法所得程序规定，规范涉外调查取证等工作。

三、以能动履职服务保障反腐败工作大局

对标中央反腐败工作重点部署和要求，能动履职，协同推进行业性、系统性腐败问题整治。一是深入推进受贿行贿一起查。加强对《刑法修正案（十二）》的学习贯彻，抓好最高人民检察院《关于加强行贿犯罪案件办理工作的指导意见》落实，加大行贿犯罪惩治力度，强化追缴和纠正行贿所获不正当利益，促进从源头治理"围猎"等行为。二是积极参与金融、国企、医药、能源、基建工程等领域腐败问题整治。围绕重点领域腐败问题治理，与有关部门探索开展联合调研、协同履职，对进入检察环节的重点个案加强指导和督办。总结分析重点领域职务犯罪及足球系列腐败案件办理情况，提出工作意见。抓好

最高检第四十七批指导性案例（金融领域新型职务犯罪指导性案例）参照适用，提升新型职务犯罪案件办理水平。持续跟进最高检第九号、第十号检察建议整改落实，巩固粮食购销领域腐败问题专项整治成果。强化与有关部门协作，共同落实《关于在办理贪污贿赂犯罪案件中加强反洗钱协作配合的意见》。三是认真做好"检察护企""检护民生"相关工作。认真落实专项行动部署，高质效办好相关职务犯罪案件。结合贯彻《刑法修正案（十二）》规定，加强对民营企业涉嫌单位行贿犯罪案件办理工作的指导。进一步规范涉国有企业职务犯罪案件企业合规工作。四是积极促进腐败问题标本兼治。指导做好职务犯罪检察条线制发检察建议工作，组织优秀检察建议评选和交流，引导突出重点、提高质量。针对系统性、行业性腐败等问题，做好法治宣传和警示教育工作，助力一体推进不敢腐、不能腐、不想腐。

四、提升职务犯罪检察业务指导工作质效

适应职务犯罪检察工作规律特点以及面临的新形势新任务，进一步做实做好对下业务指导工作。一是完善业务指导工作机制。充分发挥分片区对口指导机制作用，及时帮助下级院解决办案遇到的疑难问题。调整优化市级、基层院职务犯罪检察工作联系点，有效贯通职务犯罪条线上下情况报告、信息反馈渠道。抓好案件请示、报告和备案工作规定的执行以及职务犯罪案件一审判决同步审查等机制落实，确保办案质效。二是坚持职务犯罪案件定期分析通报。在检察业务数据分析研判基础上，及时总结分析职务犯罪办案特点、趋势和存在问题，健全年度通报、专项通报、个案通报机制，指导各地加强和改进工作。针对办案反映出来的普遍性、深层次问题，撰写专题调研报告、提出工作意见，为有关部门决策提供参考。三是探索建设智能化职务犯罪

检察案例库。依托统一业务应用系统，探索建设专门的职务犯罪检察案例库，统筹案件查询、量刑建议、数据分析、备案请示报告等功能，为各级职务犯罪检察部门办案、指导工作提供智能化支持。推广受贿行贿一起查法律监督模型等数字应用模型，加强数字职务犯罪检察示范点建设。四是编发部分重点典型案例。强化案例培育意识，结合在办的有影响、新类型案件，突出问题导向、实践导向，组织编发部分示范性、影响性的典型案例，强化案例指导作用。五是印发实施职务犯罪检察工作指引。结合新情况新要求，进一步充实完善、尽快印发《职务犯罪检察工作指引》并抓好贯彻执行，全流程规范职务犯罪案件办理工作，为高质效办案提供规范指引。六是召开新时代职务犯罪检察工作会议。系统总结过去五年的实践经验，加强工作交流研讨，对加快推进职务犯罪检察理念、体系、机制、能力现代化进行研究部署，促进职务犯罪检察工作高质量发展。

五、抓实过硬职务犯罪检察队伍建设

认真落实最高检党组提出的把检察工作能力现代化作为基础性、战略性工作来抓的要求，结合职务犯罪检察办案规模和机构人员"倒三角"的现状，统筹抓好队伍建设特别是专业化建设，提升履职能力水平。一是积极发挥党建对职务犯罪检察业务的引领作用。坚持党建与业务同部署同落实，通过主题党课、业务培训、专题讲座等多种方式，不断深化党的创新理论学习，提升职务犯罪检察人员理论素养。与中央机关有关部门联合开展支部共建、主题党日活动，加强上下级职务犯罪检察部门党建工作交流。持续抓好主题教育查摆问题整改，加强建章立制工作。扎实开展集中性纪律教育，深入推进全面从严治检。二是打造全国重大职务犯罪案件办理团队（基地）精品工程。进

一步规范重大职务犯罪案件办理团队（基地）建设标准和工作要求，加强办案团队（基地）之间的交流，切实发挥好案件承办、人才培养、指导引领、提升形象的作用，形成一批职务犯罪检察优秀品牌。指导市县落实"专人专岗"要求，明确相对固定的办案组或检察官负责职务犯罪案件办理。三是强化出庭公诉能力建设。继续办好提升出庭公诉能力系列视频培训，开展重大职务犯罪案件庭审观摩和优秀庭审评比活动，研究制定出庭预案模板，有针对性解决公诉人出庭历练不足、出庭规范不够、应变能力不强等问题。四是开展同堂培训等多层次业务培训。与中央纪委国家监委、最高人民法院有关部门联合举办全国监察、审判、检察人员同堂培训班，提升能力，促进交流，形成共识。与检察侦查部门共同推进办理检察侦查案件同堂业务培训。依托国家检察官学院举办职务犯罪检察政治与业务调训班。围绕新的法律、司法解释、政策文件以及办案疑难问题，开展有针对性的网络视频培训。五是加强职务犯罪检察理论研究。联合最高人民检察院两个职务犯罪检察研究基地（上海交大廉政与法治研究中心、河南大学职务犯罪检察研究中心），举办第二届全国职务犯罪检察论坛，深化理论和实务研究，推动职务犯罪检察理论与实践融合互促。

工作展望

以高质效检察履职更好服务经济高质量发展

张晓津[*]

2024年,经济犯罪检察工作的总体思路是:坚持以习近平新时代中国特色社会主义思想为指导,深入贯彻党的二十大精神,认真落实《中共中央关于加强新时代检察机关法律监督工作的意见》,贯彻落实全国检察长会议精神,以高质效履职、守正创新、担当实干、过硬队伍建设为支撑,更加有力为大局服务、为人民司法、为法治担当,为经济社会高质量发展提供有力法治保障。

一、从政治着眼,准确把握推进检察工作现代化的理念要求

全面贯彻习近平法治思想、经济思想、网络强国重要思想,深刻领悟"两个确立"的决定性意义,坚决做到"两个维护"。自觉在党和国家大局中谋划推进经济犯罪检察工作,准确理解贯彻党和国家经济政策,在出台检察政策、制定规范文件等工作中,保持与宏观经济政策取向一致性。

坚持以人民为中心的发展思想。依法惩治群众反映强烈的制售伪劣商品、电信网络诈骗、养老诈骗等犯罪,最大限度追赃挽损。落实推进"检察护企"专项行动,促进民营经济发展壮大,稳定社会预期、提振发展信心,促就业保民生。

高质效办好每一个案件。结合经济犯罪检察专业性强、政策性强

---

[*] 张晓津,最高人民检察院第四检察厅厅长、一级高级检察官。

的特点，落实落细高质效办案要求。准确把握经济、民事纠纷与违法犯罪界限，准确把握刑法与行政前置法的关系，避免盲目扩张刑法适用，造成行刑不分或者不当介入民事经济纠纷。

全面准确落实宽严相济刑事政策。对于主观恶性深、社会危害大、职业化集团化实施的金融证券犯罪、跨境电信网络诈骗等犯罪，依法从严从重惩处。对于主观恶性小、初犯偶犯、认罪认罚、积极退赃退赔、犯罪情节较轻的人员，依法从宽处理。对于涉众型案件，依法妥善分层分类处理。

二、为大局服务，运用法治力量护航经济安全发展

深入落实服务保障金融高质量发展检察意见。深入学习贯彻中央金融工作会议精神，全面落实最高人民检察院《关于充分发挥检察职能作用 依法服务保障金融高质量发展的意见》，牵头制发检察机关高质效办理金融犯罪案件工作指引。

保持对涉众型金融犯罪高压态势。依法严惩非法吸收公众存款、集资诈骗、组织领导传销活动等犯罪。持续加大对伪私募、伪金交所、第三方财富管理公司、虚拟货币等领域非法集资犯罪惩治力度。深入开展打击非法集资攻坚战。

依法妥善处置金融信贷领域风险。加大对金融机构实控人、大股东以及内部人员非法套取金融机构资金犯罪的惩治力度。加强重大金融违法犯罪案件的指导办理和风险处置工作。配合有关部门妥善处置化解涉房地产等重点领域信贷风险，依法及时处置中小金融机构风险。全链条惩治不法金融中介等黑灰产。

持续保持反洗钱工作力度。依法惩治地下钱庄、非法支付结算、非法买卖外汇等非法金融犯罪。持续推进反洗钱专项行动。推动制定

洗钱犯罪司法解释，配合有关部门做好第五轮国际反洗钱互评估准备工作。

依法从严惩治证券犯罪。深入贯彻中共中央办公厅、国务院办公厅《关于依法从严打击证券违法活动的意见》，保持对内幕交易、操纵证券市场等交易类证券犯罪，以及非法经营证券期货犯罪、私募基金犯罪的高压严惩态势，依法严惩财务造假及关联犯罪。制定内幕交易案件司法解释，编发证券犯罪指导性案例，编写财务造假犯罪案件问题解答。

落实完善证券犯罪办案制度规范。持续落实证券犯罪案件交办制度，充分发挥法律监督职责。认真落实最高人民检察院《关于贯彻落实〈健全资本市场风险预防预警处置问责制度体系实施方案〉的意见》，加大追赃挽损力度，稳妥应对涉案上市公司退市风险。认真落实《关于办理证券期货违法犯罪案件工作若干问题的意见》，规范证券案件办理程序。

加强金融领域、资本市场行政执法和刑事司法衔接。深化落实最高检、中国证监会《关于建立健全资本市场行政执法与检察履职衔接协作机制的意见》。推进派驻国家金融监管总局机制，加强与金融监管部门之间的信息共享、刑事案件移送、会商研判。探索与中国人民银行建立行刑衔接机制。

全力开展"检察护企"专项行动。深入贯彻中共中央、国务院《关于促进民营经济发展壮大的意见》，认真落实推动民营经济发展壮大、惩治和预防民企关键岗位人员侵害企业利益犯罪的检察政策，全力开展"检察护企"专项行动，注重创新方法举措，总结经验成效、典型案事例。

深化涉案企业合规改革。积极、稳妥、有序推进涉案企业合规改革,准确把握合规程序启动必要性,充分适用第三方监督评估机制,总结培育高质效案例。发挥检察机关主导作用,推动在起诉、审判等刑事诉讼环节适用,推动合规整改结果行刑互认。制定检察机关办理涉案企业合规案件工作规定,推进提升全国检察业务应用系统涉案企业合规办案模块运行效能,会同最高法编发检法协同合规办案典型案例,开展合规案例评选。

积极落实民营经济司法保护政策。依法严惩侵犯民营企业利益的合同诈骗、强迫交易等犯罪。聚焦《刑法修正案(十二)》修改的非法经营同类营业罪,为亲友非法牟利罪,徇私舞弊低价折股、出售资产罪,加强办案指导,及时调研解决新情况新问题。

依法惩处走私涉税犯罪。依法严惩成品油、冻品等重点商品,以及粤港澳、海南、广西边境等重点地区走私犯罪。持续深化打击海上走私专项行动。落实推进海南自贸港缉私司法协作机制。依法严惩涉税犯罪,全链条打击买单配票、道具循环、低值高报以及利用供应链平台实施骗税犯罪。部署实施"两高"《关于办理危害税收征管秩序刑事案件适用法律若干问题的解释》。推动与国家税务总局建立行刑衔接机制。

三、为人民司法,以检察之力守护民生福祉

依法保障质量安全。开展"检护质量安全"专项工作,打击预防常见高发伪劣商品犯罪。积极推进食用农产品"治违禁 控药残 促提升"专项行动、"农资打假"专项行动。依法严惩危害药品安全犯罪,会同有关部门推动解决药品检验认定等问题。落实推进《药品行政执法与刑事司法衔接工作办法》,会同有关部门推动出台农产品质量安全领域行刑衔接办法。完善中央质量督察考核评分标准,科学评价各

地工作质效。

依法促进网络空间治理。深入贯彻《关于加强新时代检察机关网络法治工作的意见》。依法严惩危害计算机信息系统安全、数据安全犯罪。牵头协同整治网络谣言、网络暴力、网络侵权违法犯罪工作,牵头协同整治"网络水军"专项工作,依法惩治造谣引流、舆论敲诈、有偿删帖等违法犯罪活动,会同最高法、公安部制定相关指导意见,发布典型案例。

依法从严打击电信网络诈骗及其关联犯罪。持续推进"断卡""断流""拔钉"等专项行动。全力做好涉缅北电诈违法犯罪打击治理工作,最高检和各省级院要强化统筹指挥和案件督办。深挖彻查犯罪集团及其幕后"金主"、骨干分子,突出办好最高检联合挂牌督办的重大跨境案件、涉缅北重大犯罪集团和首要分子等案件。制定"两高一部"《关于办理电信网络诈骗等刑事案件适用法律若干问题的意见(三)》。会同最高法、公安部编发依法严惩跨境电信网络诈骗犯罪典型案例。

最大限度追赃挽损。聚焦非法集资、电信网络诈骗等涉众犯罪,用好法律、政策,全流程督促引导退赃退赔。落实反洗钱"一案双查"制度,注重发现移送涉案资产线索,及时督促公安机关查封、扣押、冻结。建立健全检察机关支持证券纠纷特别代表人诉讼制度,保护投资人合法权益。探索建立易贬值、易毁损财产先行处置、可经营财产持续合法经营等制度机制。围绕虚拟币法律属性和处置规则,推动建立有关制度规范。落实"健全涉案财物处置公诉职责"检察改革任务,适时出台规范文件。

四、为法治担当,高质效履职保障良法善治

多措并举提高办案质效。持续落实业务数据分析研判机制,实行

定期分析通报、重点部署督办机制。健全完善调案核查、无罪和撤回起诉案件备案审查机制，开展反向审视。开展合同诈骗罪、职务侵占罪错案剖析。对重点地区结案率低问题开展督导。依托检察内网建设《经济犯罪办案参考》数据库，解决案件办理类型化问题。

落实推进刑事检察"三个体系"建设。构建以证据为中心的刑事指控体系，会同各刑检部门研究明确体系内涵、原则、证据全链条审查运用以及相关工作机制。牵头制发《网络犯罪案件证据审查工作指引》。开展帮信罪、掩隐罪"轻罪治理"，制定"两高一部"《关于办理帮助信息网络犯罪活动等刑事案件有关问题的意见》。推进完善刑事诉讼制约监督体系，常态化开展涉民企刑事"挂案"清理，探索重大监督事项案件化办理，会同公安部建立经济犯罪立案审查机制。

推动经济犯罪检察办案与其他检察职能协同履职。在食药、涉税、金融、电诈等重点领域，协同民事、行政、公益诉讼检察综合履职，探索建立线索移送、办案协作等常态化机制。

深化诉源治理促进社会治理。积极推动"空壳公司"打击治理工作，会同行政主管部门推进综合治理，视情制发检察建议。加强对金融犯罪案件剖析研究，积极向中央或有关部门提出促进完善金融监管意见建议。

落实推进数字检察战略。结合实际用好现有优秀数字监督模型，重点抓好"空壳公司""两卡"犯罪等模型应用。探索推动数据技术赋能办案，发挥数据分析手段在证据收集判断、线索挖掘筛查、资金穿透审查中的作用，提高办案质效。

普法宣传传递法治价值。聚焦重点群体、重点区域、重要时点开展普法宣传。会同有关部门开展非法集资宣传月、"3·15"国际消费者权益日、全国"质量月"活动、第六届民营经济法治建设峰会、网络安全宣传周、反诈法实施两周年等重点宣传活动，早期培育典型案事例。

五、为事业赋能，大力加强能力现代化建设

坚持以政治建设为统领。持续深化主题教育成果和政法队伍教育整顿成果，围绕经济犯罪检察中心工作开展专题党建活动，推进与行政主管部门等联系协作单位支部联建常态化。培养选树经济犯罪检察条线先进模范人物，加强事迹学习宣讲，发挥示范引领作用，凝聚奋进力量。

大力加强业务素能建设。以食品药品、走私涉税、市场秩序、金融信贷、电信网络、证券期货为主题，分领域举办条线座谈培训会。举办全国检察机关经济犯罪检察高级研修班。持续推进"经济犯罪检察实务讲堂"双月网络培训。会同有关部门开展金融证券、跨境电诈主题同堂培训。更新全国经济犯罪检察和网络犯罪检察人才库。开展庭审观摩活动。做实理论研究基地，联合举办专题研讨、课题研究等活动。

加强基层基础建设。更新调整基层联系点，健全完善信息报送和业务指导机制。加强证券期货犯罪办案基地建设，根据办案质效对基地实施动态调整。新建金融犯罪检察、网络犯罪检察办案基地。统筹条线力量建立对口援助机制。

抓实全面从严治检。建立重大敏感经济犯罪案件风险提示制度，强化涉案企业合规改革中的办案监督，严格落实"三个规定"和廉洁从检各项要求，筑牢拒腐防变思想防线。

典型案例
Dianxing Anli

最高人民检察院、国家外汇管理局印发惩治涉外汇违法犯罪典型案例[*]

赵某等人非法经营案

【关键词】

非法经营罪　虚拟货币　非法买卖外汇　检察技术辅助办案　追诉漏罪

【基本案情】

肖某、尤某，非法支付结算平台负责人。

史某等7人，非法支付结算平台工作人员。

赵某，虚拟货币交易团伙负责人。

赵某鹏、周某凯，虚拟货币交易团伙成员。

（一）非法支付结算

2019年3月至2020年5月，肖某、尤某、史某等人伙同华某福（另案处理），共同开发、搭建、维护"天天向上"跑分平台，该平台以兼职赚佣金为诱饵，纠集大量的个人或小微商户注册成"跑分客"，利用"跑分客"提供的个人微信、支付宝、银行卡账户等搭建资金通道，为境外赌博网站、"杀猪盘"诈骗等黑灰产提供支付结算服务，从中赚取佣金。该平台纠集了10万余个"跑分客"提供的37万余个资

---

[*] 2023年12月11日印发。

金账户进行收款转账，经查，2020年4月1日至5月18日期间，该平台非法支付结算数额达人民币31.9亿余元。

2019年6月至12月，赵某等人明知尤某钱款来源于非法支付结算平台，仍然使用个人银行账户收取人民币，并向尤某兑换虚拟货币从中获利，交易金额共计人民币2429万余元。赵某获利3.5万元，赵某鹏、周某凯获利均为5000元。

（二）非法买卖外汇

2019年2月至2020年4月，赵某组织赵某鹏、周某凯等人，在阿联酋和国内提供外币迪拉姆与人民币的兑换及支付服务。该团伙在阿联酋迪拜收进迪拉姆现金，同时将相应人民币转入对方指定的国内人民币账户，后用迪拉姆在当地购入"泰达币"（USDT，与美元锚定的稳定币），再将购入的泰达币通过国内的团伙即时非法出售，重新取得人民币，从而形成国内外资金的循环融通。通过汇率差，该团伙在每笔外币买卖业务中可获取2%以上的收益。经查，赵某等人在2019年3月至4月期间兑换金额达人民币4385万余元，获利共计人民币87万余元。

2022年3月24日，浙江省杭州市西湖区人民法院作出判决，以非法经营罪判处肖某有期徒刑十一年，并处罚金人民币两千万元；判处尤某有期徒刑十一年，并处罚金人民币一千万元；判处赵某有期徒刑七年，并处罚金人民币二百三十万元；判处赵某鹏有期徒刑四年，并处罚金人民币四十五万元；判处周某凯有期徒刑二年六个月，并处罚金人民币二十五万元；判处史某等7人有期徒刑四年至一年二个月不等，罚金人民币二百万元至二万五千元不等。宣判后，肖某、尤某、赵某、赵某鹏提出上诉。同年9月5日，浙江省杭州市中级人民法院裁定驳回上诉，维持原判。

【案件办理过程】

(一) 审查起诉

2020年9月30日，浙江省杭州市公安局西湖区分局将尤某、赵某等人非法从事资金支付结算业务部分的事实以涉嫌非法经营罪移送起诉。

针对赵某等人辩解对尤某从事非法支付结算业务以及所涉资金涉嫌犯罪均不知情等情况，浙江省杭州市西湖区人民检察院（以下简称西湖区检察院）在审查起诉过程中重点开展以下工作：

一是进一步提取分析电子数据中的有效信息。为查清各犯罪嫌疑人的主观明知情况，西湖区检察院检察技术人员对公安机关移送的涉案人员手机数据作进一步恢复、提取，对尤某与赵某团伙、周某凯等人的聊天记录进行分析，足以证实赵某等人明知尤某在从事非法支付结算的事实。

二是依法追诉非法买卖外汇的犯罪事实。西湖区检察院在审查提取的手机聊天记录时发现，赵某团伙还存在利用虚拟货币提供外汇兑换服务的证据，涉嫌非法买卖外汇犯罪。为查清该部分事实，检察机关梳理出赵某团伙聊天记录中与外币兑换相关的成交记录309笔，发现每笔记录中均有交易成功的确认单，包含国内收款账户、交易时间、交易总额、买入汇率等信息，共计人民币4385万余元。为进一步验证上述交易记录真实性，检察机关通过退回公安机关补充侦查和自行侦查，重点补充了以下证据：（1）调取15笔成交记录中涉及的国内银行账户交易明细，银行交易明细在数额、时间上均能够与聊天记录中交易的数据相互印证。（2）对15笔交易中的收款人制作询问笔录，证实15笔收款记录均为境外人士所支付的外贸相关费用。（3）对赵某及其团伙成员进行讯问，各犯罪嫌疑人均承认赵某等人在迪拜收进迪拉姆现金，向对方提供的国内账户支付人民币，并用迪拉姆买进泰达币，同时让国内团伙将泰达币非法卖出换回人民币的事实。（4）对扣押的电脑、手机等电子数据载体开展针对性勘验，确定了由犯罪团伙控制的虚拟货币钱包地址，再对虚拟货币钱包的交易记录与银行账户流水进行比对，查明了赵某犯罪团伙"外币—虚拟货币—人民币"的资金流转链路。

2022年2月11日，西湖区检察院以肖某、尤某、赵某等人构成非法经营罪向法院提起公诉，并追加了赵某、赵某鹏、周某凯非法买卖外汇的犯罪事实。

（二）指控和证明犯罪

浙江省杭州市西湖区人民法院三次公开开庭审理此案。在庭审阶段，对于赵某等人非法买卖外汇构成非法经营罪的指控，赵某及其辩护人辩称赵某等人的行为属于单纯的虚拟货币买卖行为，不属于外汇买卖，不构成非法经营罪。

公诉人答辩指出，赵某团伙手机聊天记录中存有涉及外汇兑换的内容，与国内银行账户交易明细在数额、时间上能够互相印证，多名与兑换记录相关的收款方均为国内人员，且收款方的证言证实收到的款项为外国人支付的款项。各被告人承认团伙成员在迪拜向他人收取迪拉姆现金并按要求向国内账户支付人民币的事实。在案证据足以证明赵某团伙已形成了长期持续的固定模式：在国外收取外币迪拉姆，将人民币转入对方指定的国内收款方账户，之后用迪拉姆购入泰达币，再出售泰达币取得人民币。上述行为表面上是买进、卖出虚拟货币的行为，但实质上利用泰达币为媒介实现了外币和人民币之间的货币价值转换，属于非法买卖外汇，构成非法经营罪。

【典型意义】

1. 以虚拟货币为媒介，实现人民币与外汇兑换的行为，构成非法经营罪。行为人以虚拟货币为媒介，通过提供跨境兑换及支付服务赚取汇率差盈利，系利用虚拟货币的特殊属性绕开国家外汇监管，通过"外币—虚拟货币—人民币"的兑换实现外汇和人民币的价值转换，属于变相买卖外汇，应当依法以非法经营罪追究刑事责任。

2. 围绕虚拟货币钱包地址，查清虚拟货币交易链路。根据大多数虚拟货币的交易特点，掌握虚拟货币钱包地址，可以经公开渠道查询到该钱包地址下的虚拟货币交易记录。办理此类案件，要注重查清犯罪嫌疑人、被告人使用的虚拟货币钱包地址，可通过对犯罪嫌疑人、被告人使用的手机、电脑等电子设备及其存储的软件进行针对性电子勘验，获取钱包地址，在此基础上进一步查证涉案钱包地址的注册人信息及绑定的银行账户等相关信息。

3. 充分运用检察技术辅助办案机制，加强对电子数据的审查。办理涉虚拟货币交易及外汇买卖的案件中，手机、电脑中的电子数据对查明涉案行为类型、犯罪数额、主观明知具有重要价值。公安机关移送的电子数据包含的信息内容众多，检察机关要注重对与证明犯罪有关的有效信息的提取、梳理和审查。必要时，要通过检察技术辅助办案，对公安机关移送的电子数据中的信息作进一步恢复、提取、检索。

郭某钊等人非法经营、帮助信息网络犯罪活动案

【关键词】

非法经营罪　帮助信息网络犯罪活动罪　虚拟货币　非法买卖外汇　共同犯罪

【基本案情】

郭某钊，非法汇兑网站搭建者。

范某玼，非法汇兑团伙交易虚拟货币者。

詹某祥、梁某钻，向范某玼提供虚拟货币交易平台账户及人民币银行账户人员。

2018年1月至2021年9月，陈某国（另案处理）、郭某钊等人搭建"TW711平台""火速平台"等网站，以虚拟货币泰达币为媒介，为客户提供外币与人民币的汇兑服务。换汇客户在上述网站储值、代付等业务板块下单后，向网站指定的境外账户支付外币。网站以上述外币在境外购买泰达币后，由范某玼通过非法渠道卖出取得人民币，再按照约定汇率向客户指定的境内第三方支付平台账户支付相应数量的人民币，从中赚取汇率差及服务费。上述网站非法兑换人民币2.2亿余元。其中，范某玼通过操作詹某祥、梁某钻等人提供的虚拟货币交易平台账户及人民币银行账户，从陈某国处接收泰达币600余万个，兑换人民币4000余万元。

2022年6月27日，上海市宝山区人民法院作出判决，以非法经营罪判处郭某钊有期徒刑五年，并处罚金人民币二十万元；判处范某玼有期徒刑三年三个月，并处罚金人民币五万元；以帮助信息网络犯罪活动罪判处詹某祥有期徒刑一年六个月，并处罚金人民币五千元；

判处梁某钻有期徒刑十个月，并处罚金人民币二千元。宣判后，詹某祥上诉，后自行撤诉。2022年11月10日，上海市第二中级人民法院裁定准许其撤回上诉。

【案件办理过程】

（一）提前介入

2021年9月18日，上海市宝山区人民检察院（以下简称宝山区检察院）应公安机关邀请提前介入本案。为准确把握案件定性和侦查方向，检察机关与公安机关、外汇管理部门等相关单位多次会商研判案件性质，认定行为人以泰达币为汇兑媒介，实现本币与外币的跨境转换，属于非法买卖外汇行为。因本案大部分换汇客户及账户在境外，客户证言难以调取，转入资金流水难以查证，检察机关与公安机关研判认为，取证固证的关键在于跨境资金链路的查明，遂以此为重点开展侦查取证工作。

一方面，查明非法买卖外汇的犯罪行为模式及各行为人的参与程度。全面调取汇兑网站后台账户信息、订单记录、银行交易流水、第三方支付平台交易记录，并从海量数据中重点审查订单记录涉虚拟货币相关项目；调取证明范某玭、汇兑网站团伙人员等人联系方式、分工内容相关证据，讯问詹某祥、梁某钻等人获利方式、与汇兑网站团伙接触情况、出借银行卡数量、是否操作转账等，确定各环节的操作人员作用、操作方式、盈利情况及涉案资金从"外币—虚拟货币—人民币"的跨境转移转换模式。

另一方面，追踪币流跨境流转过程，查明资金跨境转换过程及犯罪数额。本案涉及三条币流，分别是：（1）外币从"换汇客户付款账户→陈某国等人控制账户→境外虚拟货币出售人员账户"；（2）虚拟货币从"境外虚拟货币出售人员账户→陈某国等人控制账户→范某批等人控制账户";(3)人民币从"范某批等人控制账户→陈某国等人控制账户→换汇客户指定收款账户"。由于三条币流通常并非同步发生,为确认是否均由同一团伙操控,检察机关建议公安机关调取虚拟货币交易平台充、提币交易记录,并与汇兑网站后台数据中显示的虚拟货币的交易哈希值、交易时间和数量进行比对,最终将外币、虚拟货币、人民币三条币流关联对应。

(二)审查起诉

2022年1月13日,上海市公安局宝山分局分别以郭某钊、范某批涉嫌非法经营罪,詹某祥、梁某钴涉嫌帮助信息网络犯罪活动罪移送起诉。

为准确定性并提出量刑建议,宝山区检察院在全面审查证据认定犯罪事实的基础上,重点开展了以下工作:一是与外汇管理部门进一步研究案件定性,明确以虚拟货币为交易媒介,实现外汇与人民币的货币价值转换,包括以人民币兑换虚拟货币、再将虚拟货币兑换为外币,或将外币兑换虚拟货币、再将虚拟货币兑换为人民币的行为,实质属于非法买卖外汇行为。二是综合分析各犯罪嫌疑人的客观行为和主观明知区别处理。郭某钊受主犯陈某国雇用搭建、维护非法汇兑网站,伙同他人非法买卖外汇,已构成非法经营罪,犯罪数额应按照网站汇兑总金额计算,但其在犯罪团伙中提供技术帮助,不参与具体经营活动及违法所得分成,综合考虑可以认定为从犯。范某批长期、单向以泰达币为媒介帮助主犯陈某国等人进行外币与人民币的汇兑业务,且双方之间还有投资、帮助解决银行卡冻结问题等其他联系,关系密切,属于非法经营罪的共犯,犯罪数额以其与陈某国等人进行虚拟货币交易记录汇总的人民币金额计算,其在犯罪过程中系听从指令操作交易，可以认定为从犯。詹某祥、梁某钻为牟利，分别向范某砒等人提供大量银行账户，詹某祥另提供身份证供范某砒等人注册虚拟货币交易账户用于涉案交易，现有证据尚不能证明二人知悉非法买卖外汇的具体犯罪类型，但可以证明二人具有帮助信息网络犯罪活动的概括认识，故认定二人构成帮助信息网络犯罪活动罪。

2022年2月11日，宝山区检察院以郭某钊、范某砒构成非法经营罪，詹某祥、梁某钻构成帮助信息网络犯罪活动罪向法院提起公诉。

【典型意义】

1. 明知他人非法买卖外汇，以兑换虚拟货币为媒介提供帮助的，属于非法经营罪的共犯。在我国，虚拟货币不具有与法定货币等同的法律地位，但以虚拟货币为媒介帮助他人间接实现本币和外币之间的非法兑换，系非法买卖外汇犯罪链条中的重要环节，应予依法惩治。提供虚拟货币行为人与非法买卖外汇人员事前通谋，或者明知他人非法买卖外汇，仍通过交易虚拟货币等方式为其实现本币与外币转换提供实质帮助的，构成非法经营罪的共同犯罪。向非法买卖外汇人员提供虚拟货币交易服务，但对所帮助犯罪行为只是概括认识，并没有具体认识到帮助非法买卖外汇犯罪的，可以帮助信息网络犯罪活动罪追究刑事责任。

2. 根据以虚拟货币为媒介兑换外汇的技术特征，加强针对性引导取证和证据审查工作。以虚拟货币为兑换媒介的非法买卖外汇行为，虚拟货币交易与资金交易相互独立，境外取证困难，要通过交易信息的多方比对建立联系。虚拟货币具有匿名交易、去中心化、无国界的特点，但交易记录不可变更，办案人员要注意通过虚拟货币交易软件、虚拟货币交易网站和区块链浏览器等提取虚拟货币钱包地址、交易哈希值、账户注册信息等数据，查明虚拟货币的流转过程，再将虚拟货币流转产生的交易哈希值、交易时间、交易数量与银行转账记录、网络后台数据、聊天记录等包含实名信息的数据进行比对，厘清虚拟货币交易平台、法定货币流转平台以及沟通联系平台之间的身份对应关系及币流关联程度。

3.加强办案协作，合力打击治理涉虚拟货币等新型外汇犯罪。办理涉虚拟货币非法买卖外汇等新型案件过程中，外汇管理部门、检察机关应当与公安机关等加强沟通协作，共同研究解决办案中出现的新情况、新问题，推动完善依法有据、权责明确、配合有力的行刑衔接格局。检察机关办理类型新颖、性质认定疑难的外汇相关犯罪案件，应当注重商请外汇管理部门提供专业协助。

郑某东等人骗购外汇案

【关键词】

骗购外汇罪　非法经营罪　追诉漏犯　行政处罚

【基本案情】

郑某东，重庆钱某科技有限公司（以下简称钱某公司）原副总裁。

郑某涛，钱某公司原副总裁。

王某，钱某公司原财务总监。

赵某花，钱某公司原商务助理。

钱某公司具有中国人民银行颁发的支付业务许可证，案发前具有国家外汇管理局跨境电子商务外汇支付业务试点资格。2014年9月至2016年12月，钱某公司执行总裁王某毅（另案处理）组织郑某东、郑某涛、王某、赵某花等人，为牟取私利，私自利用钱某公司外汇资金结算、购付汇资质，为没有真实外贸交易的武汉某贸易有限公司等公司及个人骗购外汇。王某毅等人以钱某公司的名义与没有真实外贸交易的购汇人签订协议，约定购汇金额和手续费。为制造外贸交易假象，王某毅等人从他人处购买国际快递单号，以购买的快递单号伪造跨境电子商务交易明细，由购汇人将前述虚假明细上传到钱某公司跨境电子商务外汇支付系统，并递交跨境电子商务外汇付款申请表等材料，经钱某公司大数据网络系统审核、审批后递交多家银行审查付汇。通过上述方式，王某毅、郑某东等人帮助武汉某贸易有限公司等35家公司及胡某某个人骗购外汇金额总计约4.77亿美元，折合人民币约33亿元。

2021年12月8日，重庆市渝北区人民法院作出判决，以骗购外汇罪，判处郑某东有期徒刑六年，并处罚金人民币六千万元；判处郑某涛有期徒刑五年六个月，并处罚金人民币三千万元；判处王某有期徒刑五年二个月，并处罚金人民币一千五百万元；判处赵某花有期徒刑五年，并处罚金人民币一百万元。宣判后，郑某东、王某、赵某花提出上诉。2022年9月5日，重庆市第一中级人民法院裁定驳回上诉，维持原判。

【案件办理过程】

（一）线索发现和提前介入

国家外汇管理局重庆外汇管理部（现为国家外汇管理局重庆市分局）在对钱某公司的结售汇业务进行检查、调查的过程中，发现钱某公司人员的行为涉嫌犯罪,将线索移送至重庆市公安局。重庆市公安局交渝北区分局立案侦查。重庆市渝北区人民检察院(以下简称渝北区检察院)应邀提前介入,建议公安机关以涉案资金流水查明涉案人员的关系链,查清涉案金额、违法所得;向外汇管理部门核实虚假的外贸凭证、结售汇流水;及时抓捕涉案人员,动员在逃人员归案,查封、扣押、冻结涉案资产。

(二)审查起诉

2020年6月22日,重庆市公安局渝北区分局以犯罪嫌疑人郑某东等人涉嫌骗购外汇罪移送起诉。

渝北区检察院经审查认为,证明犯罪事实的证据还有不足,退回公安机关补充侦查,提出详细的补充侦查提纲:一是针对涉案人员到案后未完全供认犯罪事实、相关人员在逃境外、涉案企业和账户众多且分布全国、大量资金流向境外等客观情况,要求公安机关重点围绕虚假物流单据、申报材料、资金流向进行侦查,查明犯罪嫌疑人利用虚假国际物流单据、跨境电子商务明细的数量及对应申购外汇的金额。二是围绕涉案人员伪造虚假的外汇申购材料情况、违法所得是否流入公司账户情况、违法行为是否经董事会决议以及涉案人员涉案金额、违法所得等问题进行取证,进行司法审计进一步明确涉案人员的具体地位作用和各自涉及的犯罪金额。三是结合"购汇人→居间介绍人→犯罪嫌疑人→结售汇银行→境外"的资金流向情况,对每一节点人员进行核实,甄别是否构成犯罪。

结合补充侦查的证据,检察机关审查认定郑某东等四人构成骗购外汇罪。此外,检察机关还以非法经营罪对居间介绍人卢某坤等6人、以骗购外汇罪对实际骗汇人周某、钱某公司原业务员李某萍等同案犯依法追诉。对尚不构成犯罪的单位和相关其他人员,建议公安机关、外汇管理部门依法给予行政处罚。

2020年11月16日,渝北区检察院以郑某东等人构成骗购外汇罪向法院提起公诉。

（三）指控和证明犯罪

重庆市渝北区人民法院三次公开开庭审理本案。庭审中,郑某东等四人及其辩护人对指控事实基本无异议,但对案件定性、犯罪数额、自然人犯罪等提出异议。辩护人提出,被告人的行为属于居间介绍行为,应定性为非法经营罪,其法定刑为五年以上,从犯应在五年以下量刑;犯罪金额不应当以外汇管理部门核定的金额为准,而应当以公安机关核实到真实的购汇人的金额为准;被告人系单位工作人员,犯罪系经过单位的研究、以单位名义实施,应认定单位犯罪而非自然人犯罪。

公诉人结合证据答辩指出：(1)关于案件定性,被告人所在的公司具有跨境电子商务外汇支付业务试点资格,各被告人利用公司所具有的资格,与他人通谋,采取虚构事实、隐瞒真相的方法,伪造跨境货物交易材料、使用虚假物流单据骗购外汇,并非在国家规定的场所以外非法买卖外汇,符合骗购外汇罪的犯罪构成。(2)关于犯罪数额,行政主管机关通过查询结售汇记录、到钱某公司核实,钱某公司对于涉案金额没有异议,且郑某东等人用于结售汇的跨境贸易资料、物流单据均系伪造,与购汇资金流水能够相互印证,上述证据证实外汇管理部门核定的金额即犯罪数额。公安机关核实的部分实际购汇人的证言等相关证据,系对上述证明结论的补强,在其他证明犯罪数额的证据已经确实、充分的情况下,并不是认定犯罪数额的必要条件。(3)关于单位犯罪的问题,本案中被告人系职业经理人或高管,虽以单位名义实施,但系为谋取个人私利实施违法犯罪行为,未体现单位意志，单位也未从骗购外汇中获利，不构成单位犯罪。

（四）行政处罚

因未按照外汇管理规定履行跨境支付业务审核等职责，国家外汇管理局重庆外汇管理部依法暂停钱某公司跨境电子商务外汇支付业务试点资格。购汇人武汉某贸易有限公司被处以334.8万元罚款。

【典型意义】

1. 通过为他人制作虚假的跨境贸易资料、凭证等手段，利用具有跨境支付金融牌照的机构作为通道，向银行等金融机构骗购外汇的，构成骗购外汇罪。骗购外汇罪与非法买卖外汇型非法经营罪容易发生混淆，应当根据外汇交易行为发生的场所、行为人主观故意及客观行为准确区分二罪的界限。发生在国家规定的交易场所外的非法买卖外汇行为，构成非法经营罪；外汇交易行为发生在国家规定的交易场所内，行为人主观明知他人为骗购外汇，客观上实施了提供虚构事实、伪造、变造凭证和单据等行为，构成骗购外汇罪。

2. 围绕查清贸易是否真实、涉案人员作用和资金流转情况，引导公安机关全面收集证据。跨境骗购外汇犯罪涉及境内外、人员多、资金流复杂，检察机关应着重从三个方面引导取证、审查证据：一是贸易背景是否真实，是否有真实的货物交易，外汇申购材料是否为虚假、伪造。二是涉案人员行为及作用，查明实际购汇人、介绍人、申购人、结售汇银行的地位、作用，明确骗购外汇所涉及的人员及具体行为，如资金来源是否合法、主观是否明知、虚假材料由谁制作提供、结售汇银行审查过程等。三是资金流转情况，查明资金来源、通道、去向，查明资金流和货物流能否一一对应等。

3. 加强行刑衔接，对骗购外汇过程中刑事犯罪及行政违法行为一并打击，形成合力。国家外汇管理局继续加强对外汇业务监管，压实具有跨境外汇支付业务资质的银行、支付机构主体责任，守住红线底线。外汇管理部门在行政执法检查时发现涉嫌犯罪线索的，要及时移送公安司法机关。检察机关应加强与外汇管理部门沟通协作，对于不涉嫌刑事犯罪但违反相关行政法规的单位及个人，依法建议外汇管理部门对相关单位和个人给予行政处罚。

徐某悦等人非法经营案

【关键词】

非法经营罪　非法买卖外汇　"对敲"　POS机　犯罪中止

【基本案情】

徐某悦，非法买卖外汇团伙负责人、股东、发起人。

张某、徐某胜，非法买卖外汇团伙股东、发起人。

刘某，非法买卖外汇团伙股东。

王某，非法买卖外汇团伙外勤人员。

2016年2月至2019年1月，徐某悦等20人在北京市、广东省珠海市、中国澳门特别行政区等地，破解、改造境内申领的POS机，偷运出境用于刷卡收取境内人民币或使用网银转账收、支境内人民币，同时使用澳门开设的港币账户在境外收、支港币，为他人提供人民币与港币兑换服务。

徐某悦犯罪团伙聘请澳门当地人员联系有换汇需求的客户，当地人员与换汇客户谈好汇率确定交易后，犯罪团伙中负责外勤的王某等人携带 POS 机到指定地点提供换汇服务，客户通过 POS 机刷卡或网银转账人民币，张某等负责财务的人员确认到账后给予客户相应金额的港币，或者在客户支付港币后由外勤人员通知财务人员向客户境内银行账户转账相应金额的人民币，每笔交易收取客户换汇金额 5‰ 的服务费，高出市场汇率部分由徐某悦犯罪团伙与当地人员按比例分成。北京、澳门的财务人员负责管理网银、操作转账，记录每天换汇的金额、汇率、盈亏等具体情况，发放员工工资、股东分红。徐某悦犯罪团伙通过上述方式实施"对敲"换汇，非法买卖外汇数额折合人民币共计 23 亿余元。

2022 年 5 月 23 日，北京市朝阳区人民法院作出判决，以犯非法经营罪，判处徐某悦有期徒刑十年，罚金人民币一百五十万元；判处刘某有期徒刑七年六个月，罚金人民币一百万元；判处王某有期徒刑七年六个月，罚金人民币八十万元；判处张某有期徒刑七年六个月，罚金人民币八十万元；判处徐某胜有期徒刑七年，罚金人民币七十万元；其他 15 名被告人亦被判处有期徒刑并处罚金。一审宣判后，刘某等人上诉。2022 年 9 月 1 日，北京市第三中级人民法院裁定驳回上诉，维持原判。

【案件办理过程】

（一）审查逮捕

2019 年 1 月 28 日，北京市公安局朝阳分局以涉嫌非法经营罪对犯罪嫌疑人徐某悦等 23 人提请批准逮捕。北京市朝阳区人民检察院（以下简称朝阳区检察院）经审查认为，徐某悦团伙将 POS 机破解地理位置限制后运至澳门使用，改装后的 POS 机在客户刷卡时实现了在澳门使用人民币银行卡在境内商户支付的效果，待客户的资金到账后，徐某悦等人再将存在澳门赌场的港币支付给客户,这种境内、境外资金"对敲"的外汇买卖行为属于变相买卖外汇行为,徐某悦等人涉嫌非法经营罪。同时对下一步侦查工作提出意见,建议公安机关以澳门警方扣押并移交公安机关的POS机、刷卡小票、账本、手机、笔记本电脑等物证为基础,进一步调取POS机关联账户的交易记录、POS机机主证言、刷卡人银行账户交易记录、刷卡人出入境记录等,以查明徐某悦等人的犯罪数额。2019年2月3日,朝阳区检察院对徐某悦等20人批准逮捕。

(二)审查起诉

2019年6月27日,北京市公安局朝阳分局以徐某悦等20人涉嫌非法经营罪移送起诉。

朝阳区检察院审查后认为,认定在案扣押的POS机系犯罪使用以及对应的银行交易记录为非法换汇金额的证据仍有不足,遂退回补充侦查,要求公安机关补充调取犯罪嫌疑人出入境记录、POS机开户手续,提取财务人员北京家中电脑的网银交易记录。结合公安机关补充侦查后的证据,检察机关开展以下研判工作:一是确定犯罪使用的POS机。系统梳理澳门警方移交的POS机关联账户交易记录、犯罪团伙财务记账本、团伙使用电脑的电子数据鉴定意见、犯罪嫌疑人供述等证据,并与抽取的百余名刷卡人的证言、出入境记录和相关银行卡交易记录进行比对印证,确定徐某悦人非法买卖外汇使用的15台POS机及关联账户。二是准确认定犯罪金额。综合POS机刷卡交易的时间均为夜间,开户的古玩商店等商户均无实际经营,POS机申请人为犯罪嫌疑人亲友等情况,排除POS机关联账户内资金存在其他来源的可能性,认定15台POS机绑定的银行账户在2016年2月至2019年1月期间转入的资金数额均为非法买卖外汇犯罪数额。

2019年12月27日，朝阳区检察院以徐某悦等20人构成非法经营罪向法院提起公诉。

（三）指控和证明犯罪

北京市朝阳区人民法院于2021年至2022年间四次开庭审理了本案。庭审中部分被告人辩解称，因为通行证签注期限到期，需要离开澳门返回境内或前往第三国重新签注，对被告人离开期间发生的犯罪数额应当予以扣除。公诉人答辩指出，部分被告人虽短暂离开犯罪团伙，但其明知共同犯罪行为仍在进行并未对该行为予以制止，也没有采取必要的手段和措施防止危害结果的发生，且回来后继续为共同犯罪提供帮助，不构成犯罪中止，应当将其离开前后的行为视为一个整体行为，不将短暂离开时发生的犯罪金额在认定其犯罪金额中予以扣除，以各被告人加入犯罪团伙后参与共同犯罪期间的全部犯罪金额为准。

【典型意义】

1. 以营利为目的，利用破解的POS机在境外通过持卡人刷卡消费收取人民币，同时向持卡人支付外币，属于变相非法买卖外汇，情节严重的，构成非法经营罪。对于利用破解POS机刷卡消费的交易金额，综合其他证据证明该POS机用于非法买卖外汇，并足以排除POS机关联账户内资金存在除非法买卖外汇外的其他来源可能性的，可以认定为非法买卖外汇犯罪数额。检察机关应当引导公安机关全面收集涉案POS机交易记录、行为人使用电子设备、财务账册等相关证据，结合犯罪嫌疑人、被告人供述和证人证言等，为综合判断夯实证据基础。

2. 对行为人因办理出入境手续短暂离开犯罪团伙后又返回，不认定犯罪中止，应当以其参与犯罪团伙后的全部犯罪数额承担责任。在跨境犯罪中，部分行为人由于签证期限限制需要短期离开犯罪地，办理出入境手续后再返回，主观上没有脱离犯罪团伙的意图，客观上短暂离开后返回继续从事共同犯罪活动，没有阻止共同犯罪结果的发生，不属于犯罪中止，应当将其离开前后行为认定为一个整体犯罪行为，对其离开期间发生的犯罪数额不予以扣除。

李某杰非法经营案

【关键词】

非法经营罪　非法买卖外汇　"对敲"　关联案件　线索发现

【基本案情】

李某杰，广东俊某杰商务服务有限公司（以下简称俊某杰公司）员工。

2004年1月起，于某凯（另案处理）通过暴力、威胁等手段形成以其为组织者、领导者的22人黑社会性质组织。该组织在澳门开设赌场，组织、招揽沈阳及周边地区人员赴澳门赌博，并提供资金担保，通过境外赌博、境内结算的方式非法敛财，赌资累计达人民币38亿余元。在经营澳门赌场期间，于某凯还利用赌场账户，伙同李某杰为澳门赌场游客兑换港币，赚取汇率差价。

2020年11月至2021年6月，李某杰、于某凯在广东省珠海市成立俊某杰公司，非法从事买卖外汇活动。于某凯负责提供资金，安排该组织成员黄某斌、刘某民、李某等人（均另案处理）在沈阳市多家银行开立10余个银行账户并绑定手机卡，交给黄某斌统一保管，用于收转买卖外汇资金；李某杰负责在澳门赌场、酒店等场所招揽需要兑换港币的客户并兑换外汇。李某杰招揽客户、谈好兑换汇率后，要求客户将人民币通过手机银行 App 转入黄某斌保管的银行账户，确认资金到账后，在澳门赌场将港币现金交付给客户。为获取港币现金用于非法兑换，该组织成员黄某斌、李某、刘某民等人从自己或他人名下银行账户提取人民币现金后交给李某杰联系的地下钱庄人员，地下钱庄人员在澳门口岸交付港币现金给李某杰，存入该组织成员吴某波澳门赌场账户。该组织财务人员黄某负责上述人民币资金周转及账目记载。李某杰等人分工合作，在每日汇率基础上提高兑换汇率，赚取汇率差价，李某杰与于某凯等人非法买卖外汇累计折合人民币 1514 万余元。

2023 年 2 月 9 日，辽宁省沈阳市大东区人民法院作出判决，以非法经营罪判处被告人李某杰有期徒刑二年六个月，并处罚金人民币四万元。判决已生效。另案处理的于某凯等人因犯组织、领导黑社会性质组织罪、参加黑社会性质组织罪、非法经营罪等罪名被依法判处刑罚。

【案件办理过程】

（一）线索发现

辽宁省沈阳市大东区人民检察院（以下简称大东区检察院）在提前介入于某凯等人黑社会性质组织犯罪案件时发现，部分组织成员供述于某凯与李某杰成立俊某杰公司，存在买卖港币获利的行为，检察机关认为上述行为可能构成非法经营罪，遂向公安机关提出继续侦查意见：（1）调取俊某杰公司工商登记材料，查明该公司实际经营范围，以及是否具有兑换外汇资质。（2）讯问该组织成员，查明李某杰、于某凯等人成立公司目的、实际经营活动、与澳门赌场联系、兑换外汇方式、人员分工、涉案银行账户及金额、资金去向、获利方式及金额等事实。（3）调取俊某杰公司相关账目、涉案银行账户交易明细、涉黑组织财务人员黄某记载的账目等相关书证，核实提供银行账户人员，并对银行交易明细进行指认，查明该公司的资金来源及流转情况、实际经营内容及获利情况。（4）核实俊某杰公司买卖外汇客户信息，调取客户证言，查明买卖外汇的方式、地点、金额等事实。（5）调取李某杰、于某凯等人及于某凯澳门赌场赌客的出入境记录，核实赌客2020年后在于某凯的澳门赌场赌博情况及资金来源，核实李某杰、黄某斌等人与何人对接，查明俊某杰公司买卖外汇行为与于某凯澳门赌场账户的关联。（6）对涉案银行账户交易明细进行审计，查明涉案账户入账资金来源、去向、买卖外汇金额。

公安机关根据上述意见收集固定相关证据，查明李某杰、于某凯等人在没有兑换外汇资质的情况下，非法买卖外汇获取利润。针对地下钱庄买卖外汇手段隐蔽、地下钱庄人员不固定、买卖外汇客户人员分散、境外赌场账户调取证据难等侦查难点，围绕非法买卖外汇数额的认定，检察机关进一步提出侦查取证重点：（1）比对已调取的涉案人员银行账户交易明细及财务人员黄某记录的账目，查明买卖外汇客户姓名、交易账户、资金去向。（2）复核买卖外汇客户，查明其非法购买外汇的数额、地点、方式、资金用途。（3）组织买卖外汇客户对交易明细进行指认，对向其非法买卖外汇人员进行辨认，印证李某杰等人非法买卖外汇的事实。（4）提取黄某斌等人手机内微信、QQ、短信等数据信息，佐证黄某斌等人参与非法买卖外汇情况、涉案人员日常对账情况。

（二）审查起诉

2022年12月19日，辽宁省沈阳市公安局大东分局以李某杰涉嫌非法经营罪移送起诉。

大东区检察院针对涉案账户资金交易记录复杂、关联证据情况不一等特点，结合李某杰等人供述、提供银行卡人员证言、已核实的34名买卖外汇客户证言、黄某斌等人手机中提取微信群部分聊天记录、部分接收资金短信截图、买卖外汇客户对银行流水的指认、对李某杰的辨认笔录等证据，比对黄某记录账目、涉案银行账户交易明细，依法认定犯罪数额。（1）对于财务人员黄某记录账目中有记录的交易明细，有李某杰、黄某等人供述、提供银行卡人员证言及银行卡开卡记录证实，记录账目涉及的银行账户系专门用于买卖外汇资金流转，记录的交易明细与银行账户交易明细中客户姓名、转账数额一一对应，另有部分客户证言亦可印证交易过程，故账目中全部交易数额均计入犯罪数额，共计681万余元。（2）对于黄某记录账目中未记录的交易明细，进行区分认定：对于有犯罪嫌疑人供述、客户证言等证据证明相关交易记录为买卖外汇交易的部分，计入犯罪数额，共计833万余元；对于其他交易金额，不能排除系涉案人员用于其他用途的，未认定为犯罪数额。

2023年2月2日，大东区检察院以李某杰构成非法经营罪向法院提起公诉。

【典型意义】

1.办理涉跨境赌博等跨境犯罪案件，应当注重依法追捕追诉非法买卖外汇等转移赌博资金关联犯罪。跨境赌博等跨境犯罪经常伴随非法买卖外汇等转移赌博资金的违法犯罪活动，检察机关在办理涉跨境赌博犯罪案件时，要注意对涉案人员及其实际控制公司银行账户交易记录等证据的审查，发现银行账户存在资金频繁大额交易等异常情况的，要注重结合社交软件记录等其他证据，审查发现是否存在非法买卖外汇等关联犯罪线索，依法追捕追诉漏罪漏犯。

2. 根据具体证据情况依法认定犯罪数额。非法买卖外汇案件涉案银行账户资金交易记录、买卖外汇人员数量众多，作案时间长，逃避侦查能力强，案发后难以收集到全部证据，检察机关应当按照事实清楚、证据确实、充分的刑事诉讼证明标准，在涉案银行账户资金交易记录基础上，结合其他证据综合判断认定犯罪数额。用于接收购汇资金的银行账户交易记录，能够与犯罪嫌疑人、被告人供述、客户证言、财务账册记录等其他证据相互印证的，足以认定相关交易金额是非法买卖外汇数额。对于涉案银行账户交易存在其他用途交易的，应当结合收集到的客户证言等证据证明对应的非法买卖外汇行为及数额，对于没有其他证据核实的交易记录不计入犯罪数额。

章某虎、章某娴非法经营案

【关键词】

非法经营罪　非法买卖外汇　"对敲"　地下钱庄　居间介绍

【基本案情】

章某虎，曾因犯非法经营罪被法院判处刑罚。

章某娴，系章某虎女儿。

2017年，章某虎结识从事非法买卖外汇活动的吴某朋等人（均另案处理），产生了居间介绍本地客户通过外省地下钱庄兑换外汇并抽成获利的想法。章某虎负责招揽有购汇需求的客户以及确定合作的地下钱庄，章某娴在章某虎的安排下，负责与吴某朋、地下钱庄沟通联络客户需购汇的币种、金额、外汇收款账户等具体信息。章某虎联系客户将需换汇的人民币先转入其控制的本人或其亲戚名下银行账户，再由章某娴通过网银转账方式转入地下钱庄指定账户。地下钱庄收款后，向客户指定的境外账户支付对应外币，并将已存入客户外汇账户的银行交易截图经吴某朋发送给章某娴，从而完成跨境"对敲"非法买卖外汇行为。章某虎、章某娴按照约每10万美元收取300元人民币的比例，采用从客户转账款中扣除或者单独收取的方式赚取差价获利。2017年9月至2019年12月，章某虎、章某娴通过上述手段非法买卖外汇折合人民币1.96亿余元。

2022年5月23日，江苏省无锡市惠山区人民法院作出判决，以非法经营罪判处章某虎有期徒刑八年，并处罚金人民币二十五万元；判处章某娴有期徒刑三年，缓刑三年，并处罚金人民币十五万元。判决已生效。

【案件办理过程】

（一）提前介入

2021年8月2日，江苏省无锡市公安局惠山分局对本案立案侦查，江苏省无锡市惠山区人民检察院（以下简称惠山区检察院）应邀提前介入。章某虎到案后，全盘否认非法买卖外汇事实，后期虽承认有部分非法买卖外汇行为，但辩解通过其控制的银行账户转账的资金存在合法往来。针对上述辩解，惠山区检察院综合分析后建议公安机关应重点查明人民币与外汇之间的关联关系及资金性质：（1）调取上线吴某朋案件相关证据材料，同步审查吴某朋、地下钱庄相关人员非法买卖外汇的涉案事实认定情况，查明章某虎、章某娴通过上游地下钱庄进行"对敲"型非法买卖外汇的交易模式。（2）提取扣押的章某娴手机中的电子数据，获取其与吴某朋的微信聊天记录，查明非法买卖外汇的具体时间、币种、汇率、金额及地下钱庄是否向客户指定的账户支付对应外币等事实。（3）讯问章某虎、章某娴及上线吴某朋，查明其通过地下钱庄非法买卖外汇的具体过程，包括金额、人员分工、客户信息、获利方式等。（4）查找非法购买外汇的客户，获取客户证言，查明其购买外汇的币种、金额、用途，证明章某虎与地下钱庄控制的银行账户之间的资金性质，以查明非法买卖外汇数额。

（二）审查起诉

2021年11月24日，江苏省无锡市公安局惠山分局以章某虎、章某娴涉嫌非法经营罪移送起诉。

惠山区检察院在审查起诉中重点开展以下工作：一是针对章某虎、章某娴为地下钱庄和客户居间介绍，并非独立开展非法买卖外汇犯罪的情况，检察机关对二人主从犯认定进行分析。检察机关认为，章某虎、章某娴以自己的名义承接客户买卖外汇业务，用自己控制的银行账户直接向客户收取人民币，自行决定按比例扣点从中赚取差价，其作为境内人民币支付的重要环节具有相对独立性。其中，章某虎负责招揽需换汇的客户，决定通过吴某朋和地下钱庄进行非法买卖外汇交易，在非法买卖外汇中起关键作用，依法认定为主犯；章某娴不直接接触客户，仅根据章某虎的指示与吴某朋联系及操作网银资金转账，依法认定为从犯。

二是针对本案涉案账户资金流水量巨大，但无境外资金交易的直接证据，且犯罪嫌疑人对犯罪数额不具体供述，犯罪数额认定难度大的情况，检察机关根据"对敲"型非法买卖外汇犯罪的特点，以境内相关证据为主体构建证明体系认定犯罪数额：（1）将聊天记录与资金流水相互印证部分认定为犯罪金额。章某娴和吴某朋聊天记录证实，章某娴将客户姓名、购买外汇币种、金额、境外收款账户发送给吴某朋，并将收取客户的人民币转入吴某朋提供的地下钱庄收款账户，地下钱庄将对应外币支付到客户境外收款账户，并提供支付凭证截图。上述内容能够与境内资金交易流水相互印证，可以证明非法买卖外汇交易已完成，据此认定非法买卖外汇累计折合人民币1亿余元。（2）将客户证言与资金流水相互印证部分认定为犯罪金额。部分购买外汇的客户证言及对相应资金流水的辨认记录，证实客户汇入章某虎所控制的银行账户资金的时间、金额、用途，上述资金系用于购买外汇，且在国外已收到对应的外币，据此认定非法买卖外汇累计折合人民币9000余万元。（3）对于经由章某虎控制的银行账户进入地下钱庄的部分资金，既未在吴某朋等人非法买卖外汇案件中予以认定，又无相关聊天记录、客户证言等证据证明资金的用途、性质，未认定为犯罪数额。最终惠山区检察院认定章某虎、章某娴非法买卖外汇金额折合人民币1.96亿余元。

2022年4月24日，惠山区检察院以章某虎、章某娴构成非法经营罪向法院提起公诉。

（三）行政处罚

2022年3月，惠山区检察院将该案中向章某虎非法购买外汇的客户线索移送国家外汇管理局无锡市中心支局（现为国家外汇管理局无锡市分局），该局调查后对12人给予行政处罚，罚款共计1683万元。

【典型意义】

1. 行为人为了获取非法利益，居间介绍客户与地下钱庄完成非法买卖外汇交易，构成非法经营罪。在非法买卖外汇产业链中，既存在规模性地下钱庄，也存在居间介绍非法买卖外汇的掮客，对于此类掮客，应根据其与地下钱庄的共谋情况、行为模式、获利方式等综合认定是否构成非法经营罪。对于独立招揽对接非法买卖外汇客户、接收购汇资金、确定收费标准、收取违法所得的人员，虽未参与境外兑付外币环节的活动，仍可以独立构成非法经营罪，根据其自身的犯罪情节、地位作用等确定主从犯。

2. 在无境外证据印证情况下，应当以境内证据为主体构建证明体系。在获取境外账户收到外汇结算凭证或照片截图等证据的情况下，可结合境内人民币资金交易流水，以两者对应为标准直接认定；在无境外账户证据印证的情况下，可通过向境内客户调查取证，结合境内客户资金流水，查明客户购买外汇的人民币资金是否最终流入地下钱庄控制账户，并对其购买外汇用途、是否通过被告人完成交易进行综合判断。

3. 强化行刑衔接，实现对非法买卖外汇行为的全面打击。检察机关办理非法买卖外汇案件，应加强与外汇管理部门的信息共享、顺畅衔接，对于不构成犯罪的非法买卖外汇的客户，可将线索移送至外汇管理部门，由外汇管理部门调查后依法作出警告、罚款等行政处罚，形成对非法买卖外汇行为的全面打击，清理非法买卖外汇滋生土壤。

王某良等人非法经营案

【关键词】

非法经营罪　骗取出口退税罪　非法买卖外汇　"对敲"　犯罪数额

【基本案情】

王某良，青岛市某国家机关原工作人员。

臧某，青岛市某物流公司法定代表人。

王某军，青岛市某信息公司员工。

臧某新，青岛市某货运代理公司员工。

秦某，青岛市某物流公司员工。

刘某，青岛市某进出口公司法定代表人。

2015年至2020年，王某良与王某欣（另案处理）、王某军等人为多家农产品公司非法买卖外汇赚取差价。王某良控制的账户兑换外汇，累计折合人民币5.3亿余元。王某军控制的账户兑换外汇，累计折合人民币1.2亿余元。其中，青岛某农产品公司（另案处理）采取低值高报的方式虚增农产品的出口总价，在境内将人民币汇入王某良等人控制的账户购买外汇，王某良等人按照约定的汇率通过境外账户将美元汇入某农产品公司指定的账户。某农产品公司通过上述方式骗取国家出口退税共计人民币2126万余元。

2015年至2020年，臧某与臧某新、秦某共同为王某军、刘某等人非法买卖外汇赚取差价。其中，臧某控制的账户兑换外汇累计折合人民币3.7亿余元。臧某新控制的账户兑换外汇共计人民币1.2亿余元。秦某为臧某非法买卖外汇提供外汇资金共计美元1254万余元，折合人民币8807万余元。刘某控制的账户兑换外汇累计折合人民币6957万余元。

2022年11月4日,山东省青岛市市南区人民法院作出判决,以非法经营罪判处王某良有期徒刑八年,并处罚金人民币八十万元;判处臧某有期徒刑六年,并处罚金人民币六十万元;判处王某军有期徒刑六年,并处罚金人民币五十万元;判处臧某新、秦某、刘某有期徒刑二年,并处罚金人民币四十万元至三十万元。宣判后,王某良、臧某、王某军提出上诉。2023年5月22日,山东省青岛市中级人民法院裁定驳回上诉,维持原判。

【案件办理过程】

(一)提前介入

2020年1月10日,国家外汇管理局青岛市分局经调查发现,青岛某农产品公司通过地下钱庄实施农产品低值高报骗取国家税款补贴涉嫌犯罪,并将该线索移交山东省青岛市公安局市南分局。公安机关立案侦查后,山东省青岛市市南区人民检察院(以下简称市南区检察院)应邀提前介入。根据检察机关的建议,针对涉案人员及账户众多、资金流转量巨大、境外资金账户取证难等情况,公安机关重点围绕资金流转脉络、涉案人员关系、外汇买卖与骗取退税的关联等方面侦查取证。(1)以已在外省被刑事处罚的王某欣控制的非法买卖外汇账户为突破口,梳理可疑买卖外汇账户和可疑人员,结合证人证言、即时通讯软件聊天记录等证据,公安机关据此排查出涉嫌非法买卖外汇的王某良等6人。(2)调取3000余个银行账户的1000万条银行交易明细,为进一步开展资金分析奠定基础。(3)对关联犯罪同步侦查,形成相互支持的证明体系。对于骗取出口退税部分,针对某农产品公司在骗取出口退税过程中存在真实业务退税,犯罪数额难以认定的情况,确定以某农产品公司购买外汇虚假结汇的数额为基础,根据农产品最低出口退税率,认定骗取出口退税的数额;对于非法买卖外汇部分,出口农产品公司境内账户明细证实向王某良、王某军、臧某等人控制的账户支付人民币购买外汇的事实,结合某农产品公司的虚假出口结汇数额、公司涉案人员的言词证据,查明王某良等人非法买卖外汇的犯罪事实。

(二)审查起诉

2021年5月12日,山东省青岛市公安局市南分局以王某良等6人涉嫌非法经营罪移送起诉。

市南区检察院重点开展了以下工作:一是认定非法买卖外汇犯罪数额。本案犯罪嫌疑人作为外汇掮客赚取差额,境内人民币账户与境外外汇账户不发生直接关联。在境外资金账户查询不到位的情况下,检察机关对犯罪嫌疑人以及控制的他人境内账户之间的往来资金进行重点梳理。根据已经处理的同案犯、犯罪嫌疑人和外汇提供者等人的言词证据,确定用于非法买卖外汇的账户,对账户的支出数额、收入数额进行汇总、比较,发现支出数额普遍低于收入数额,故将支出数额初步作为非法买卖外汇数额,同时考虑到账户进出资金量大,在没有境外账户直接关联和缺少转账具体用途的前提下,将其中的正常业务往来金额、无证据证明系涉案交易的金额扣除,最终认定非法经营的犯罪数额。二是督促退缴违法所得。检察机关向犯罪嫌疑人重点阐明认罪认罚从宽制度以及积极退缴违法所得对量刑建议的影响,通过辩护人与犯罪嫌疑人及其家属开展沟通,促使臧某新、秦某、刘某3人自愿认罪认罚,并在提起公诉前退缴违法所得。

2021年10月27日,市南区检察院以王某良等6人构成非法经营罪向法院提起公诉。

（三）指控和证明犯罪

2021年12月至2022年8月，山东省青岛市市南区人民法院四次公开开庭审理本案。庭审中，王某良及其辩护人提出无罪辩解及辩护意见，主要包括：同案犯王某欣、王某军作虚假供述，王某良持有的熟人银行卡是协助朋友拉存款或是交给涉案农产品公司走流水，王某良的电脑没有用于作案，调取的电子数据无法证明由其操作等。其他被告人均认罪，但王某军提出应将其服刑期间的银行交易金额从指控犯罪数额中扣除，臧某提出指控犯罪数额中包含的真实交易应予扣除。

公诉人综合事实证据答辩指出，王某欣和王某军的多份供述均证实王某良实施非法买卖外汇的行为，王某良的亲属证言证实将银行卡交给王某良使用，结合王某良控制的银行账户与王某欣、王某军控制的银行账户交易记录，证实王某良与王某欣、王某军共同实施了非法买卖外汇犯罪；侦查机关依法对王某良的电脑、手机进行了电子数据勘验等证据证实，王某良使用自己的电脑、手机进行转账操作非法买卖外汇。关于王某军的犯罪数额，检察机关指控时未将其服刑期间的银行流水数额予以认定。关于臧某的犯罪数额，检察机关指控时已经将正常业务数额从中扣除。

（四）行政处罚

2021年4月至2023年7月，国家外汇管理局青岛市分局对本案涉及的11个地下钱庄交易对手非法买卖外汇行为给予行政处罚，罚款共计7020万元。

【典型意义】

1.依法全链条惩治骗取出口退税犯罪、非法买卖外汇犯罪等关联犯罪。非法买卖外汇为骗取出口退税境内外资金循环提供了支持，不仅破坏了国家外汇管理秩序，而且给国家税收造成了巨额损失，应当注重全链条打击。对于非法买卖外汇人员，应当根据与骗取出口退税人是否事先通谋、主观上是否明知、客观上是否实施其他帮助行为等，判断其是否构成骗取出口退税罪的共犯。对于证明构成骗取出口退税共同犯罪证据不足，但其非法买卖外汇行为情节严重构成犯罪的，应当以非法经营罪定罪处罚。

2. 科学审查海量资金交易记录，依法认定犯罪数额。非法买卖外汇往往涉及海量资金交易数据。检察机关要引导公安机关全面调取可能涉案的银行账户流水基础上，根据外汇出售人、犯罪嫌疑人、提供账户人、换汇人等人的言词证据等，梳理出用于买卖外汇的银行账户，区分正常资金往来和缺少证据证实的可疑资金交易，为准确计算非法经营数额提供依据。检察机关在引导取证时，要建议侦查机关委托司法审计时明确审计标准，根据在案其他证据分析资金交易记录的特点，分类审计交易数额。

3. 全面惩治非法买卖外汇黑灰产业，整治行业乱象。骗税企业通过地下钱庄买入外汇虚假结算骗取国家退税，扰乱了诚信经营、公平竞争的行业市场秩序，破坏了金融管理秩序和税收征管秩序。检察机关要注重与外汇管理部门、税务、公安机关等联合打击非法买卖外汇和骗取出口退税犯罪，形成对行业的警示和示范效应，保障守法企业合法权益和良性发展，优化营商环境。

张某群、吴某锐等人非法经营、骗取出口退税、虚开增值税专用发票案

【关键词】

非法经营罪　骗取出口退税罪　虚开增值税专用发票罪　全链条打击

【基本案情】

张某群、郑某华、王某，分别系常州市宝某电子科技有限公司（以下简称宝某公司）等公司实际负责人、经营管理人、财务会计。

顾某杰，上海乐某供应链股份有限公司（以下简称乐某公司）外贸部经理。

吴某述，从事个体外贸经营。

吴某锐、马某建，分别系香港顺某贸易有限公司（以下简称顺某公司）等公司实际负责人、员工。

龚某森，江西彭某咨询服务有限责任公司（以下简称彭某公司）等公司实际负责人。

（一）骗取出口退税

2018年7月至2019年11月，张某群与郑某华等人实际控制、管理的宝某公司等，以价值低的翻译机、陀螺仪等电子产品冒充高价值货物，串通具有出口经营权的乐某公司顾某杰共同骗取出口退税。

在具体实施过程中，宝某公司等将上述电子产品以虚高价格销售给乐某公司，并开具增值税专用发票。顾某杰通过乐某公司，与张某群等人通过吴某述联系的吴某锐签订虚假购销合同，进行报关出口，

并由吴某述负责将货物运输至马来西亚、泰国等地作为废品处理。在资金方面，张某群先将人民币汇至吴某锐控制的境内账户，再由吴某锐通过控制的境外公司将对应的美元汇至乐某公司，作为虚假购买出口产品的货款。顾某杰通过乐某公司结汇，在申报并骗得出口退税款后，按宝某公司等开具发票的票面金额向张某群方付款，形成资金闭环。经查，张某群等人通过前述方式共骗取出口退税人民币3663万余元，吴某述、顾某杰均从中获取非法利益。

（二）非法经营

吴某锐伙同马某建按照事先约定，在境内收取张某群等人支付的人民币，在扣除佣金后再将其境外贸易获取的美元或从他人处购得美元，通过实际控制的顺某公司等境外公司作为虚假出口购货款转账至乐某公司，完成人民币与美元的跨境非法兑换。经查，吴某锐等人非法兑换人民币1.8亿余元，违法所得18万余元。

（三）虚开增值税专用发票

在虚假出口的同时，张某群与郑某华为宝某公司等虚增增值税进项抵扣，安排财务会计王某，在没有实际业务往来情况下，让龚某森实际控制的彭某公司等10家公司虚开522份增值税专用发票，价税合计5625万余元，税款318万余元。

2021年9月22日，江苏省常州市武进区人民法院作出判决，以骗取出口退税罪，判处张某群有期徒刑十四年，并处罚金人民币二千八百万元；判处郑某华有期徒刑十二年，并处罚金人民币八百万元；判处吴某述有期徒刑六年，并处罚金人民币五十万元；判处顾某杰有期徒刑六年六个月，并处罚金人民币五十万元；以犯虚开增值税专用发票罪，判处龚某森有期徒刑十一年，并处罚金人民币二十五万元；判处王某有期徒刑三年，缓刑四年，并处罚金人民币十五万元；

以犯非法经营罪，判处吴某锐有期徒刑五年六个月，并处罚金人民币三十五万元；判处马某建有期徒刑二年，缓刑三年，并处罚金人民币十万元。宣判后，张某群、龚某森等人提出上诉。2022年2月8日，江苏省常州市中级人民法院依法裁定驳回上诉，维持原判。

【案件办理过程】

（一）提前介入

江苏省常州市公安局武进分局立案侦查后，常州市武进区人民检察院（以下简称武进区检察院）应邀提前介入，建议公安机关围绕虚构外汇资金流、自卖自买骗取出口退税开展侦查取证。(1) 全面查清非法买卖外汇链条上的全部犯罪事实，明确各行为人在犯罪链条中充当角色和所起作用，要求对该案所涉及的骗取出口退税、虚开增值税专用发票等犯罪行为一并查处。(2) 梳理张某群、吴某锐等人控制的用于实施犯罪的账户资金流向，结合即时通讯工具聊天记录等证据区分正常经济往来和非法资金往来，做好资金分类统计工作，查清非法买卖外汇金额及违法所得。(3) 查清骗税具体过程，围绕货物流，全面调取宝某公司等原材料进货单，摸清生产工艺及成本，查明关于出口货物的加工过程、价值、用途、去向；围绕资金流，查明涉案资金的来源、人民币与美元兑换的过程、骗得税款的去向、各环节的非法获利情况；围绕发票流，查明宝某公司等进项抵扣增值税专用发票来源，与上游开票公司是否存在真实货物往来。(4) 查明吴某锐等人是否构成骗取出口退税共犯，围绕吴某锐等人对外贸易既往交易习惯、是否明知货物具体去向等，调取相关证人证言以及即时通讯工具聊天记录。

（二）审查起诉

2021年2月26日，江苏省常州市公安局武进分局以张某群等人涉嫌骗取出口退税罪、龚某森等人涉嫌虚开增值税专用发票罪、吴某锐等人涉嫌非法经营罪移送起诉。

武进区检察院经审查后认定，张某群等人通过实际控制的宝某公司等，以低劣电子产品作为出口"道具"，让他人为自己虚增增值税进项，再串通乐某公司外贸部经理顾某杰，通过乐某公司实施虚假货物出口，骗取国家出口退税款，数额特别巨大。张某群、吴某述、顾某杰等人均构成骗取出口退税罪，且系共同犯罪。

对于骗税资金流关键环节的吴某锐等人，武进区检察院经审查认为：一是虽在案证据不足以证实吴某锐等人构成骗取出口退税罪，但其境内收取本币、境外兑付外币的行为属于非法买卖外汇行为，应以非法经营罪定罪处罚，且属情节特别严重。二是因涉外证据难以固定以及汇率变化，导致以吴某锐等人支出的美元作为非法经营数额难以精确认定，且张某群、吴某锐等人控制的账户多达70余个，二人对控制账户的资金情况供述模糊，犯罪数额难以认定。检察机关调整证据审查思路，以吴某锐所收人民币金额作为认定基础，比对从张某群处扣押的账本所记载的汇兑支出记录，与从各行为人手机提取的汇兑转账截图，结合吴某述、吴某锐等人的供述，认定吴某锐接收的张某群转账钱款均用于非法汇兑，且能够排除系其他经济往来。

2021年3月25日，武进区检察院以张某群等人构成骗取出口退税罪，龚某森等人构成虚开增值税专用发票罪，吴某锐等人构成非法经营罪向法院提起公诉。

【典型意义】

1. 查清资金用途，依法认定非法买卖外汇数额。非法买卖外汇数额通常因涉外证据难以固定、利率变化、交易信息庞杂等因素而难以精准认定。检察机关应注重梳理行为人控制账户的资金流向，引导侦查机关根据取证情况做好资金分类统计工作，综合银行流水、聊天记录、言词证据等，准确认定非法经营数额。对于境外外币资金难以查证的情况下，有证据能够证明境内账户收取的人民币资金均用于非法兑换外币的，应当直接按照境内人民币交易数额认定为非法经营数额。

2. 全面取证，全链条打击金融外汇犯罪黑灰产。非法买卖外汇通常为骗取出口退税、电信网络诈骗、网络赌博、洗钱等犯罪行为的关键环节，成为滋生黑灰产业的土壤。办理相关跨境犯罪时，要注意审查发现非法买卖外汇犯罪线索。外汇行政执法要聚焦涉嫌违法违规资金流，发挥跨境资金监测分析优势，严厉查处利用境外关联公司虚假结汇、通过地下钱庄非法买卖外汇等外汇违法违规行为。检察机关在办理此类案件时，要坚持全链条一体化打击，围绕资金来源、去向、用途等全面引导取证、加强证据审查，尽可能查清犯罪链条上的全部犯罪事实。

最高人民检察院、国家外汇管理局惩治涉外汇违法犯罪典型案例解读

张晓津　贝金欣　王　拓[*]

为认真贯彻落实党的二十大精神，学习贯彻中央金融工作会议精神，依法打击外汇违法犯罪行为，维护外汇市场健康良性秩序，2023年12月11日，最高人民检察院、国家外汇管理局联合印发8件惩治涉外汇违法犯罪典型案例。现将该批典型案例发布的主要考虑、案例特点和其中需要重点关注的法律适用、办案方法等问题进行解读。

一、发布典型案例的主要考虑

外汇市场是我国金融市场重要组成部分，依法打击非法买卖外汇等违法犯罪活动，防范化解外部冲击风险，维护外汇市场稳健运行，是维护国家金融安全的重要内容。当前，非法买卖外汇违法犯罪案件典型手段是"对敲"，此类案件中，人民币和外币一般不进行物理上的跨境流转，表面上看资金在境内外单向循环，实质上属于变相买卖外汇行为，扰乱了外汇市场正常秩序。从检察办案看，"对敲"型非法买卖外汇犯罪主要呈现出以下特点：一是非法操控大量资金账户进行海量交易，司法办案中需要查清实际控制使用的资金账户及用于非法

---

[*] 张晓津，最高人民检察院第四检察厅厅长、一级高级检察官；贝金欣，最高人民检察院第四检察厅主办检察官、二级高级检察官；王拓，最高人民检察院第四检察厅一级高级检察官助理。

买卖外汇的交易流水。二是"对敲"手段复杂多样，除传统的"对敲"外，还有通过虚拟货币交易、违规改造POS机并偷运出境刷卡交易等方式实施"对敲"，隐蔽性、专业性更强，对侦查取证、审查证据的专业要求更高。三是与部分上游犯罪勾连紧密，涉及资金出境的违法犯罪活动通常需要借助非法买卖外汇实现，非法买卖外汇成为助推其他关联犯罪实施的资金通道，有必要予以全链条惩治。最高检联合国家外汇局结合实践中遇到的新情况、新问题，有针对性地筛选了8件典型案例予以公开发布。

二、案例的主要典型意义

这次共发布8件典型案例，主要涉及（非法买卖外汇型）非法经营罪、骗购外汇罪，相关联的罪名还涉及帮助信息网络犯罪活动罪、骗取出口退税罪、虚开增值税专用发票罪。8个案例分别是：（1）浙江杭州赵某非法经营案，行为人以虚拟货币为媒介，通过提供跨境兑换及支付服务赚取汇率差盈利，系利用虚拟货币为媒介绕开国家外汇监管，认定属于变相买卖外汇犯罪行为。（2）上海宝山郭某钊等人非法经营、帮助信息网络犯罪活动案，部分行为人事前通谋或者明知他人非法买卖外汇，仍通过交易虚拟货币等方式为其实现本币与外币转换提供实质帮助的，构成非法经营罪的共同犯罪；部分行为人虽向非法买卖外汇人员提供账户用于虚拟货币交易服务，但仅具有概括认知、没有具体认识到帮助非法买卖外汇犯罪的，构成帮助信息网络犯罪活动罪。（3）重庆渝北郑某东等人骗购外汇案，行为人制作虚假的跨境贸易资料、凭证，利用具有跨境支付金融牌照的机构作为通道，向银行等金融机构骗购外汇，构成骗购外汇罪。（4）北京朝阳徐某悦等人非法经营案，行为人携带破解地理位置限制后的POS机，在境外通过持卡人刷卡消费收取人民币,并向持卡人支付外币,构成非法经营罪。(5)辽宁沈阳李某杰非法经营案,检察机关在办理涉黑案件的涉跨境赌博案中,依法追捕、追诉非法买卖外汇等转移赌博资金关联犯罪。(6)江苏无锡章某虎、章某娴非法经营案,对居间介绍客户与规模性地下钱庄完成非法买卖外汇交易的外汇掮客,依法认定构成非法经营罪。(7)山东青岛王某良等人非法经营案,明确对于证明构成骗取出口退税共同犯罪证据不足但非法买卖外汇行为构成犯罪的,应当以非法经营罪定罪处罚。(8)江苏常州张某群、吴某锐等人非法经营、骗取出口退税、虚开增值税专用发票案,检察机关在办理相关跨境犯罪时,注意审查发现非法买卖外汇犯罪线索,依法全链条打击金融外汇犯罪黑灰产。

我们在编发这批案例时着重阐释三个方面的典型意义:一是正确把握非法买卖外汇刑事案件的定案标准,进一步提高引导取证、证据审查能力。对于"对敲"类案件,应尽可能收集境外证据,同时以查清境内资金流向为重点,紧盯关联账户,在关联比对分析客观证据与言词证据的基础上准确认定案件事实。二是切实加大非法买卖外汇犯罪全链条惩治力度。在办理骗取出口退税、电信网络诈骗、网络赌博、洗钱等涉及资金出境的犯罪案件时,注重审查发现涉外汇犯罪线索,围绕资金来源、去向、用途等强化证据收集及审查,努力查清犯罪链条上的全部犯罪事实。三是强化沟通协作,健全行刑衔接机制。检察机关要加大与外汇管理部门、公安机关的协作力度,针对外汇市场交易机制、行政监管规则等方面寻求专业支持,加强对涉虚拟货币交易等新类型、新问题的会商研判,同时在办案中发现需要给予行政处罚的,及时移送外汇管理部门并提出意见建议,协同治理涉外汇违法犯罪。

三、需要重点关注的法律适用问题

（一）"对敲"型非法买卖外汇案件指控、证明犯罪问题

"对敲"型非法买卖外汇案件，将传统直接买卖外汇操作行为割裂开，人民币和外汇之间的买卖在境内外银行账户上分别进行，作案手法隐蔽性，取证困难，定罪存在争议。本批案件旨在强化对境外证据的收集和审查，并在符合刑事诉讼证明标准的前提下，着力构建以境内证据为主的指控、证明犯罪体系。

1.加大对境外证据收集和审查力度。境外证据，特别是涉案相关物证、书证等对于查清"对敲"类犯罪事实、准确定性具有重要意义。为此，检察机关应当加强与公安机关沟通，用足用好国际刑事司法协助、内地与港澳地区的区际刑事司法协助等机制，加大对境外证据取证力度。实践中，受制于各种因素，有境外证据的案件相对较少，在我们收集的"对敲"型外汇案例中，徐某悦案是唯一一件有境外证据移送的案件。该案中，澳门警方在抓获现场依法起获犯罪嫌疑人身边的涉案物品，包括刷卡使用的POS机、留存的POS机刷卡小票、联络记账使用的账本、手机、笔记本电脑，并依法移交北京警方。检察机关引导公安机关进一步补充完善境内证据，完善指控体系，最终各被告人获法院有罪判决。对于境外证据，检察机关应注意加强审查。2021年，最高人民法院《关于适用〈中华人民共和国刑事诉讼法〉的解释》第77条规定，对来自境外的证据材料，人民检察院应当随案移送有关材料来源、提供人、提取人、提取时间等情况的说明。需要说明的是，不同法域的刑事诉讼规则、证据采信条件、法律认定标准都有所差异，对此需要作综合考量，不宜简单认为不符合境内取证程序和标准而予以排除。以内地与港澳地区区际刑事司法协助为例，取证程序虽然不符合内地有关法律规定，但是符合港澳地区的办案程序，

并且不违背内地刑事证据制度的基本原则或者诉讼权利基本保障要求的,可以认定合法有效,必要时也可以要求公安机关作出情况说明;取证程序既不符合内地有关法律规定,也不符合港澳地区的办案程序,可能严重影响司法公正的,应当要求公安机关予以补正或者作出合理解释,不能补正或者作出合理解释的,不应作为定案的根据。

2. 构建以境内证据为主的指控、证明犯罪体系。实务中,大多数"对敲"类案件缺乏境外证据,对此应当建立以境内证据为主的证据体系,在境内证据形成完整证据链条、证明犯罪证据确实、充分的条件下,无境外资金账户等境外证据,不影响犯罪的成立。具体而言,应当注重引导公安机关以资金流向为线索,紧盯关联账户,重点收集境内账务资料、银行交易信息、即时通讯软件等聊天记录等客观性证据,对相关资金交易进行审计,同时比对犯罪嫌疑人、被告人供述及辩解、相关客户证言等言词证据,分析非法买卖外汇行为模式以及交易账户关系,准确认定犯罪事实。该批案例中,李某杰案,章某虎、章某娴案等均是在缺少境外证据情况下,以境内证据为主收集相关证据,并形成完整的指控、证明犯罪体系的成功范例。

(二)利用虚拟货币为媒介变相买卖外汇的认定

从2013年中国人民银行等部委发布《关于防范比特币风险的通知》开始,我国有关部门陆续出台防范代币发行融资风险的规定,2021年,《关于进一步防范和处置虚拟货币交易炒作风险的通知》明确禁止在我国境内设立虚拟货币交易平台,但比特币、泰达币等虚拟货币境外交易平台仍然大量存在。实践中,在我国境内专门兑换、交易虚拟货币行为难以禁绝,利用虚拟货币作为支付结算通道实施洗钱、非法买卖外汇等犯罪案件数量呈现上升态势,需要引起行政监管机关和司法机关的高度重视。本批案例中,赵某案及郭某钊等人案,对办理利用虚拟货币非法买卖外汇类案件提出了具有指导意义的规则。

1. 明确利用虚拟货币为媒介跨境转移资金案件的性质。从行政认定来看，虚拟货币不具有与法定货币等同的法律地位，相关业务活动属于非法金融活动。以虚拟币为交易媒介，实现外汇与人民币的货币价值转换，包括以人民币兑换成虚拟货币、再将虚拟货币兑换成外币，或将外币兑换成虚拟货币、再将虚拟货币兑换为人民币的行为，属于变相买卖外汇行为。从刑事认定来看，根据全国人大常委会《关于惩治骗购外汇、逃汇和非法买卖外汇犯罪的决定》第 4 条和《刑法》第 225 条规定，2019 年最高人民法院、最高人民检察院《关于办理非法从事资金支付结算业务、非法买卖外汇刑事案件适用法律若干问题的解释》（法释〔2019〕1 号，以下简称《外汇解释》）第 2 条规定，变相买卖外汇，扰乱金融市场秩序的，以非法经营罪定罪处罚。因此，绕开国家外汇监管，以虚拟货币为交易媒介间接实现外汇与人民币的货币价值转换，情节严重的，构成非法经营罪。当然，根据跨境转移的资金是否为相关犯罪所得及其产生的收益，以虚拟货币为交易媒介跨境转移资金的行为还可能触犯洗钱罪，掩饰、隐瞒犯罪所得、犯罪所得收益罪等罪名，同时触犯非法经营罪的，依照处罚较重的规定定罪处罚。

2. 明确涉虚拟货币类案件证据收集及审查重点。办理涉虚拟货币类案件，应当针对虚拟货币匿名性及不可变更性的特点，重点围绕币流、资金流和人员流进行取证，构建完整有力指控体系。可从虚拟货币交易程序、虚拟货币交易所和区块链浏览器等提取虚拟货币钱包地址（adress）这一关键证据，同时收集交易哈希值、账户注册信息等内容，查明虚拟货币的流转过程，再将虚拟货币流转产生的交易哈希值、交易时间、交易数量与银行转账记录、网络后台数据、聊天记录等包含实名信息的数据进行比对，结合口供、证人证言等言词证据，最终厘清虚拟货币交易流向、法定货币及外币交易流向、沟通联系的犯罪分子身份对应关系及与币流的关联程度。

3. 注重检察技术辅助办案。办理涉虚拟货币交易及外汇买卖的案件中，手机、电脑等物品中的电子数据对查明涉案行为类型、犯罪数额、主观明知具有重要价值。公安机关移送的电子数据包含的信息内容众多，检察机关要充分运用检察技术辅助办案机制，通过涉网络黑灰产的"暗语"的关键词排查、恢复被删除的数据等发掘有力证据，为实现精准指控犯罪提供支撑。在发现有涉嫌新的犯罪线索时，应当注意引导公安机关补充侦查，必要时开展自行侦查，完善证据体系，依法追加漏罪、追捕漏犯。

（三）非法买卖外汇犯罪数额及违法所得数额的认定

非法买卖外汇案件涉案银行账户资金交易记录、买卖外汇人员数量众多，作案时间长，特别是"对敲"类案件案发后难以查证境外账户相关证据，如何认定犯罪数额及违法所得数额问题，成为此类案件办理的重点和难点所在。

1. 犯罪数额的认定。我们发现，实务中对于非法买卖外汇犯罪数额的计算，多以买入或者卖出单向资金流为基准，以最有利于犯罪嫌疑人、被告人的标准认定最终数额，这种标准降低了指控、证明犯罪的难度，应当算一种比较"务实"的做法。但是我们认为，不同案件，甚至同一案件不同账户中，相关资金流向查证的证据情况不一，对此需要结合在案证据综合判断是否符合证据确实、充分的证明标准，认定规则不能简单就低"一刀切"。在本批多个案例中，我们强调应当建立分层次的犯罪数额认定标准。

一是对于有确实、充分证据证明涉案银行账户系专门用于非法买卖外汇资金流转的，在排除其他交易可能性后，相关交易金额应当全部认定为非法买卖外汇犯罪数额。如徐某悦案，综合POS机刷卡交易的时间均为夜间，开户的古玩商店等商户均无实际经营，POS机申请人为犯罪嫌疑人亲友等情况，足以排除POS机关联账户内资金存在其他来源的可能性，最终认定15台POS机绑定的银行账户在涉案期间转入的资金数额均为非法买卖外汇犯罪数额。又如王某良等人案，根据已经处理的同案犯、犯罪嫌疑人和外汇提供者等人的言词证据，确定用于专门非法买卖外汇的账户，对比收入数额与支出数额，以普遍较低的支出数额初步作为非法买卖外汇数额作为基准，将其中的正常业务往来金额、无证据证明系涉案交易的金额扣除，将剩余数额作为非法买卖外汇犯罪数额。

二是以境内资金交易记录相关证据为主，分层次准确认定犯罪数额。对于提取到境内涉案银行账户交易明细、涉案人员记录的交易明细、资金交易截图等能够证明资金交易的证据，应当在进行比对印证、去重后，结合犯罪嫌疑人、被告人的供述、公司人员的证人证言、买卖外汇客户的证言等证据，并排除其他用途的，准确认定犯罪数额。如李某杰案，以财务人员记录账目中有无记录的交易明细作出区分处理：有记录的，结合相关供述、证言等，能够证实记录账目涉及的银行账户系专门用于买卖外汇资金流转，记录的交易明细与银行账户交易明细中客户姓名、转账数额一一对应，账目中全部交易数额均计入犯罪数额；无记录的，对于有供述、证言等证据证明相关交易记录为买卖外汇交易的部分，计入犯罪数额，对于不能排除系用于其他用途的，未认定为犯罪数额。又如，章某虎、章某娴案，以境内资金交易流水为基准，将与涉案人员聊天记录、支付凭证微信截图相互印证部分，以及与客户证言相互印证部分均认定为犯罪金额，对于未在关联地下钱庄案件中予以认定且无相关聊天记录、客户证言等证据证明资金的用途、性质的部分，未认定为犯罪数额。需要强调的是，应当正确理解"存疑有利于被告人"原则，对于资金交易流水量巨大案件，犯罪嫌疑人仅认可有证据指控的部分事实，对其他部分交易以不知情、记忆模糊等为由进行辩解的，要注意加强对案件证据的全面审查，不能在未穷尽侦查手段（如退回补充侦查、自行侦查）即以事实不清或者不能排除其他合法来源为由，将犯罪数额简单予以扣除，要注意避免以"小罪"的认罪认罚代替对案件事实的全面查清。

三是正确对待"抽样"问题。与办理生产、销售伪劣产品、侵犯知识产权等案件中对伪劣产品、侵权复制品的抽样工作相类似，非法买卖外汇案件常常面对海量的交易数据、分布于各地的客户，常常因为难以一一取证核实，故实务中有对部分数据、部分用户进行所谓的"抽样"取证。我们认为，通过境内银行账户交易记录、第三方支付结算账户交易记录、平台电子数据、通话记录等证据能够综合认定涉案金额的，可以依法认定犯罪数额，买卖外汇的部分客户无需一一收集，随机调取部分客户证言，不同于对伪劣产品、侵权复制品的抽样工作，仅是对认定整体犯罪数额的进一步印证，这种"抽样"既不是必须开展工作，更不能在缺乏其他证据证明的情况下仅把"抽样"取证的数额作为整体犯罪数额。如在赵某案中，公安机关依法调取15笔成交记录中涉及的国内银行账户交易明细，银行交易明细在数额、时间上均能够与聊天记录中交易的数据相互印证，同时对15笔交易中的收款人制作询问笔录，证实15笔收款记录均为境外人士所支付的外贸相关费用，以此可以印证整体犯罪数额的客观性、真实性。

2.违法所得数额的认定。对于交易记录清晰、有固定的利率、能够确定的违法所得，应当按照实际查证的数额确定；对于违法所得数额客观上难以确定的，如在张某群、吴某锐等人案中，存在因交付人民币时与兑换外汇时所适用的汇率不一致、行为人按各自统计汇率事后结算、截留部分金额作为非法收益等客观因素，可按《外汇解释》第 7 条的规定，对被告人按非法经营数额的千分之一认定违法所得数额，并处或者单处违法所得 1 倍以上 5 倍以下罚金。

（四）共同犯罪的认定问题

1. 准确认定主观明知。以利用虚拟币"对敲"非法买卖外汇案件为例，对于提供虚拟货币行为人与非法买卖外汇人员事前通谋，或者明知他人非法买卖外汇，仍通过交易虚拟货币等方式为其实现本币与外币转换提供实质帮助的，构成非法经营罪的共同犯罪。一些犯罪嫌疑人到案后，常以"不明知对方是换汇""自己只是从事虚拟货币交易""单纯交易虚拟货币不是犯罪"等为由进行无罪抗辩，对此应当结合在案证据，准确认定主观明知。如在郭某钊等人案中，对于从事虚拟货币交易的范某䴙，结合其为逃避银行监管使用大量他人账户进行资金转账，且有部分账户曾因收受违法资金被冻结，其在明知陈某国从事跨境电商业务、有非法换汇需求的情况下，仍然固定为其提供 USDT 与人民币的兑换业务，且每月有固定利润分成，上述证据足以证明其明知他人从事非法买卖外汇，仍然以承兑虚拟货币的方式帮助实现资金跨境转移，构成非法经营罪的共犯。当然，对于职业化交易虚拟货币（特别是泰达币这种稳定币）是否属于从事非法支付结算业务，进而独立构成非法经营罪，目前各方仍存争议，有待于下一步形成统一共识。

2. 准确区分非法经营罪共犯与帮助信息网络活动罪。非法经营罪共犯与帮助信息网络活动罪的行为人，在对上游犯罪的明知程度、明知内容上均有所差异，对于向非法买卖外汇人员提供虚拟货币交易服务（特别是提供银行账户、虚拟货币交易账户）的人员，应当结合其所处犯罪阶段、接触上游犯罪的程度、获利方式、身份经历等情况判断其对上游犯罪的主观认识程度和内容。对于所帮助犯罪行为只是概括认识，并没有具体认识到帮助非法买卖外汇犯罪的，可以帮助信息网络犯罪活动罪追究刑事责任。同样在郭某钊等人案中，詹某祥、梁某钻为牟利分别向范某玭等人提供大量银行账户、提供身份证供注册虚拟货币交易账户，现有证据尚不能证明二人知悉非法买卖外汇的具体犯罪类型，但可以证明二人具有帮助信息网络犯罪活动的概括认识，以帮助信息网络犯罪活动罪定罪量刑。

3. 准确认定主从犯。应当根据各行为人在共同犯罪中所起的不同作用、所处的不同地位，准确认定主从犯。需要说明的是，在外汇掮客与规模性地下钱庄共同实施非法买卖外汇犯罪，由外汇掮客将本地客户介绍给规模性地下钱庄的案件中，不能因为外汇掮客业务量较小、主要依托于规模性地下钱庄转移资金至境外，而将外汇掮客一律认定为从犯。如在章某虎、章某娴案中，章某虎伙同吴某朋等人居间介绍本地客户，通过外省规模性地下钱庄兑换外汇并抽成获利。章某虎以自己的名义在本地承接客户买卖外汇业务，用自己控制的银行账户直接向客户收取人民币资金，自行决定按比例扣点从中赚取差价，其获利模式不同于规模性地下钱庄赚取的汇率差价，因此在行为模式上具有一定独立性，对非法买卖外汇起到关键作用，依法认定为主犯。

4. 准确认定共同脱离与共犯中止。针对非法买卖外汇、电信网络诈骗等跨境犯罪中，部分犯罪嫌疑人由于签证问题需要短期离开境外返回境内重新申请签证，离开境外期间犯罪数额是否计入犯罪数额常存在争议。这其实涉及刑法理论上对于共犯中止的认定问题。刑法理论上一般认为，行为人虽然停止实施犯罪行为，但未阻止共同犯罪结果发生或者阻止行为缺乏有效性的,仅实施"共犯脱离"不能成立"共犯中止"。比如,在实行阶段,帮助犯在正犯着手后自动停止,且得到正犯同意,但未制止正犯继续实施犯罪的,帮助犯不能成立中止犯;对于正犯既遂的,帮助犯仍然既遂。① 如在徐某悦案中,我们明确指出,对于短暂离开犯罪团伙、回来后继续从事共犯活动,未采取报警、制止等必要的手段和措施防止危害行为的持续和危害结果的扩大的行为,因缺乏有效性,一般不认定为共犯中止。应当将行为人离开及返回行为统一认定为一个整体犯罪行为,对其离开期间发生的犯罪数额不予以扣除,认定其加入犯罪团伙后参与共同犯罪期间的全部交易金额为犯罪数额。

(五)骗购外汇与非法买卖外汇的界分

在骗购外汇犯罪过程中,必然涉及资金支付结算行为,故准确区分骗购外汇罪和非法经营罪尤为重要。二罪主要区别在于:一是外汇交易场所是在"场内"还是在"场外",骗购外汇交易行为发生在国家规定的交易场所内,非法买卖外汇行为发生在国家规定的交易场所外。二是外汇交易对象不同,骗购外汇交易的对象是指定的银行等金融机构,非法买卖外汇交易对象一般是客户(自然人或者单位)。三是主观故意与客观行为不同,骗购外汇行为人主观上有骗购外汇故意,客观上实施了提供虚构事实、伪造、变造凭证和单据等手段骗购外汇的行为,相比之下非法买卖外汇行为人的故意内容和客观手段则要简单得多。在郑某东案中,我们提出了对于骗购外汇案件的取证及审查规则。一是围绕"虚假手段",引导取证及审查贸易背景是否真实,是否有真实的货物交易,外汇申购材料是否为虚假、伪造。二是围绕

---

① 参见陈兴良主编:《刑法总论精释》(下),人民法院出版社2016年版,第538页。

"人员流",引导取证及审查涉案人员行为及作用,实际购汇人、介绍人、申购人、结售汇银行的地位及作用,明确骗购外汇所涉及的人员及具体行为,如资金来源是否合法、主观是否明知、虚假材料由谁制作提供、结售汇银行审查过程等。三是围绕"资金流",查明资金来源、通道、去向,查明资金流和货物流能否一一对应等。

外汇犯罪在司法实践中的争议问题还有很多,这次发布的典型案例只对其中部分问题进行阐释,还有更多的问题需要理论界和实务界共同研究解决。我们将继续关注办案中新情况、新问题的收集、研究,推广更成熟的判例,以期形成更多的共识。

权威解读

Quanwei Jiedu

最高人民检察院关于充分发挥检察职能作用依法服务保障金融高质量发展的意见

（高检发〔2023〕14号　2023年12月15日印发）

为深入学习贯彻习近平新时代中国特色社会主义思想，全面贯彻习近平法治思想、习近平经济思想，认真贯彻党的二十大精神和中央金融工作会议精神，落实《中共中央关于加强新时代检察机关法律监督工作的意见》，现就充分发挥检察职能作用，依法服务保障金融高质量发展，以检察工作现代化助力推进金融强国建设提出以下意见。

一、提高政治站位，增强服务保障金融高质量发展的责任感和使命感

（一）深刻认识切实履行检察职能服务保障金融高质量发展的重要意义。金融是国民经济的血脉，是国家核心竞争力的重要组成部分。检察机关作为法律监督机关，在防范化解金融风险、维护国家金融安全、推动金融高质量发展等方面承担着重要职责。各级检察机关要深入学习贯彻落实习近平总书记在中央金融工作会议上的重要讲话精神，正确认识我国金融高质量发展面临的形势和任务，准确把握当前和今后一个时期金融工作的指导思想、重要原则以及目标、主题、主线、重点等重大决策部署要求，坚决把思想和行动统一到习近平总书记的重要讲话精神和党中央决策部署上来，把服务保障金融高质量发展作为当前和今后一个时期的重要政治任务，切实加强组织领导，深入研究部署，抓好贯彻执行。

（二）准确把握检察工作服务保障金融高质量发展的目标任务。各级检察机关要紧紧围绕推进金融高质量发展主题，深化金融供给侧结构性改革主线，深刻领会中国特色金融发展之路的本质特征，按照"八个坚持"的要求更新金融检察工作理念，建立健全金融检察工作体制机制，强化与金融监管部门的工作协同，扎实推进金融检察队伍专业化建设，以高质效履行刑事、民事、行政、公益诉讼检察各项职责，为加快建设金融强国提供有力法治保障。

（三）准确把握金融检察工作的基本原则

——**始终坚持党的领导**。坚持把党对检察工作的绝对领导和党对金融工作的全面领导落实到金融检察工作中，深刻领悟"两个确立"的决定性意义，增强"四个意识"、坚定"四个自信"、做到"两个维护"，以习近平总书记的重要讲话精神作为新时代新征程推进金融检察工作的根本遵循和行动指南，不折不扣落实党中央关于金融工作的大政方针和决策部署，健全落实督办机制，重大事项及时向党中央报告，确保金融检察工作的正确政治方向。

——**坚持以人民为中心的价值取向**。深刻把握金融工作的政治性、人民性，始终站稳人民立场，把维护人民群众合法权益作为金融检察工作的出发点和落脚点，积极回应人民群众的关切，加强金融消费者权益司法保护，努力让人民群众在每一个金融检察案件中感受到公平正义。

——**坚持统筹金融发展与安全**。深入贯彻总体国家安全观，坚持把防控风险作为金融工作的永恒主题，紧紧围绕全面加强监管、防范化解风险这个重点，坚决贯彻执行稳定大局、统筹协调、分类施策、精准拆弹的基本方针，依法惩治和预防各类金融违法犯罪，有力保障合法金融创新发展。坚持把风险早识别、早预警、早暴露、早处置作为金融检察的重要内容，持续推动金融违法犯罪溯源治理，实现抓早抓小、防微杜渐。

——**坚持高质效办好每一个金融检察案件**。根据党中央关于金融工作的重大决策部署，准确把握高质效在办理金融检察案件中的具体内涵，树立办理金融检察案件的正确理念，特别是要结合金融法律政策调整，准确领会金融法治精神，判断金融检察案件实质法律关系，统筹法理情的有机统一，防止就案办案、机械办案，确保金融检察案件办理质量、效率与效果。

二、高质效履行检察职能，依法惩治和预防金融违法犯罪

（一）依法从严惩治严重危害金融安全的犯罪。保持对非法吸收公众存款、集资诈骗、组织领导传销活动等涉众型金融犯罪的高压态势，持续加大对涉伪私募、伪金交所、养老、私募基金、虚拟货币、预售卡等领域非法集资犯罪惩治力度。依法惩治骗取贷款、金融诈骗等骗取金融机构资金犯罪，加大对金融机构实际控制人、大股东以及内部人员非法套取金融机构资金犯罪的惩治力度。配合有关部门妥善处置化解涉房地产等重点领域信贷风险，依法及时处置中小金融机构风险。持续加大洗钱犯罪追诉力度，依法惩治地下钱庄、非法支付结算、非法买卖外汇等非法经营犯罪。树立全链条追诉意识，加大对金融犯罪链条上资金、技术、中介等关联人员的追诉力度。

（二）依法从严打击证券犯罪。依法严厉打击上市公司欺诈发行、违规信息披露等财务造假犯罪，全链条追诉挪用资金、职务侵占、背信损害上市公司利益等关联犯罪，服务保障以信息披露为核心的股票发行注册制。依法严惩内幕交易、操纵市场、利用未公开信息交易等

严重破坏资本市场交易秩序的犯罪。加大对金融机构、上市公司控股股东、实际控制人、董事、监事、高级管理人员等关键岗位人员违法犯罪的追责力度。从严惩处第三方中介机构涉虚假证明文件类犯罪，压实第三方中介机构的专业把关责任。依法稳慎办理涉上市公司退市刑事案件，最大限度保障相关人员合法权益。

（三）坚决惩治金融腐败犯罪。保持金融领域反腐败高压态势，惩治金融领域新型腐败和隐性腐败，坚持"受贿行贿一起查"，一体推进惩治金融腐败和防控金融风险。严厉惩治金融领域监督、管理、审批等环节通过利益输送、权钱交易实施的贪污贿赂犯罪，金融监管部门工作人员玩忽职守、滥用职权等渎职犯罪。加大对金融监管人员和国有金融机构高级管理人员监守自盗、与不法分子内外勾结的职务犯罪的惩治力度。

（四）精准开展金融领域民事检察监督。高质效办理金融领域裁判结果类监督案件，准确认定非持牌机构开展金融业务、套取金融机构资金转贷、高利贷等违规行为，准确把握金融机构适当性义务，穿透判断多层嵌套交易中的真实法律关系，加强对团伙性放贷、"职业放贷人"相关民事诉讼案件的监督，密切关注案件中存在的"砍头息""套路贷"行为，妥善保护金融消费者等各类金融市场主体的合法权益。运用民事检察和解加强群体性纠纷案件的矛盾化解，提高保护金融消费者合法权益意识，助力完善金融消费纠纷多元化解机制。加强对北京、上海、成渝地区金融法院民商事诉讼案件的监督。加强对金融裁判执行活动的监督，刑民协同依法处理各类恶意逃废债行为，维护公平诚信的金融市场秩序。加强对虚构借款、非持牌机构违规开展金融业务、申报虚假破产债权等金融领域虚假诉讼的预防和惩戒。加大涉金融知识产权民事诉讼监督办案力度。

（五）强化金融领域行政检察监督。聚焦证券期货、银行保险、金融借款、委托理财等领域，加强行政诉讼、行政非诉执行案件的法律监督。统筹推进行刑双向衔接和行政违法行为监督，做好对行刑"反向"衔接中行政违法行为的检察监督，探索对履行法律监督职责中发现金融管理部门违法行使职权或者不行使职权的，通过制发检察建议督促其依法履职。

（六）探索开展金融领域公益诉讼。立足维护国家利益和社会公共利益，加大对国有金融财产保护、金融账户敏感个人信息保护、涉电信网络诈骗金融领域治理、金融行业反垄断等检察公益诉讼监督办案力度，探索拓展金融检察公益诉讼案件范围。有效衔接金融消费者保护工作协调机制和金融消费纠纷多元化解机制，重点防范普惠金融、养老金融领域消费欺诈，督促强化网络治理、源头管控。结合信息披露和环境影响评价等机制探索预防性公益诉讼，加强"高能耗、高排放"项目投资风险防控，依法促进绿色金融规范发展。

三、完善惩治和预防金融违法犯罪体制机制，助力防范化解金融风险

（一）完善检察机关金融案件办理机制。加强对重大疑难复杂金融犯罪案件的对下指导，完善个案督办和类案指导机制。健全检察机关对重大疑难复杂金融犯罪案件的引导取证、补充侦查、自行侦查机制，强化以证据为中心的刑事指控体系。落实重大金融犯罪案件请示报告制度。各省级检察院经济犯罪检察部门要切实承担主体责任，积极履行案件审查、指导工作。健全跨区域金融犯罪案件统筹协调机制，提升一体协同办案质效。严格落实跨省（区、市）非法集资案件主办地主办责任、牵头责任和分办地配合责任，建立跨省信息通报机制。

建立新类型案件案例指导工作机制，及时收集、编发指导性案例、典型案例。完善金融案件检察机关内部协同履职机制，及时移送各类检察监督案件线索。健全金融犯罪案件矛盾化解、释法说理工作机制，及时回应群众关切，切实维护社会稳定。

（二）加大金融犯罪案件追赃挽损力度。坚持"应追尽追"，下大力气做好追赃挽损工作，加强与相关部门协作，加大涉案财产甄别和处置力度。做好涉案财物查封、扣押、冻结工作监督，健全涉案财物处置公诉职责，重视对涉案财物的事实证据审查，注重提出罚金刑、没收财产刑量刑建议，积极适用认罪认罚从宽等制度，督促引导涉案人员主动退赃退赔，综合运用失信惩戒、行政处罚、民事诉讼等多种手段，督促非法集资协助人等限期退赔。完善易贬值易毁损财产提前处置、可经营财产持续合法经营制度机制，努力实现资产处置效益最大化和最大限度保值增值。建立健全检察机关支持证券纠纷特别代表人诉讼机制，保护投资者合法权益。

（三）健全金融领域行政执法与刑事司法衔接机制。积极参与处置非法集资、反洗钱、反假货币、打击资本市场违法活动、清理整顿非法交易场所等金融领域联络协调机制。完善最高人民检察院派驻中国证券监督管理委员会工作机制，落实《关于建立健全资本市场行政执法与检察履职衔接协作机制的意见》。加强地方各级人民检察院与中央金融管理部门地方派出机构、地方金融监督管理有关职能机构的联络协调机制建设，探索完善金融领域执法司法线索通报、信息共享、证据移送、案件协调、专业支持等协作机制。建立健全与金融监督管理部门的行刑双向衔接工作机制，依法监督金融监管部门向公安机关移送涉嫌犯罪案件，对不起诉案件需要给予行政处罚的，及时向金融监管部门提出检察意见，完善案件处理信息通报机制。

（四）加强与公安、法院互相配合、互相制约。加强侦查监督与协作配合，完善重大疑难复杂金融犯罪案件听取意见和联合督办机制。优化完善涉案财物移送、接收、处置以及强制措施和强制性侦查措施等环节衔接配合。持续落实证券犯罪案件交办机制，各省级检察院要做好案件总体指导、监督工作，加强与公安机关协调对接，逐案跟进案件进展情况。健全金融犯罪案件立案监督、侦查活动监督工作机制，及时纠正对金融机构或者金融市场主体应当立案而不立案、不应当立案而立案，长期"挂案"和以刑事手段插手民事纠纷、经济纠纷等违法情形。建立与审判机关的交流会商机制，共同研究解决新情况新问题。综合运用抗诉、纠正意见、检察建议等监督手段，强化刑事审判活动监督。

（五）加强金融犯罪打击治理国际合作。加强与相关国家、国际组织的司法协作。健全检察环节金融犯罪嫌疑人追逃追赃、违法所得没收相关工作制度，助力提升追逃追赃效果。积极参与金融行动特别工作组国际反洗钱评估工作。加强对金融相关国际组织规则、涉外法律研究和风险预判，关注金融违法犯罪风险的跨境传导，研究推动完善预防和惩治利用境外主体从事违法犯罪等涉外法律制度。

四、坚持治罪与治理相结合，优化金融生态

（一）主动参与金融法治建设。深入研究新兴领域、涉外领域等方面的重点问题并提出立法建议，积极参与金融领域重大法律法规的立改废释工作。加强金融领域行政立法与刑事立法协同研究，推动行政立法与刑事立法有效衔接。加强金融刑事司法解释、规范性文件等制定工作，制定修改洗钱犯罪、骗取贷款犯罪、内幕交易犯罪等常见多发金融刑事案件司法解释。积极研究论证金融领域公益诉讼相关

立法建议。

（二）加强金融风险预警、处置。结合办案加强对非法金融活动风险产生的根源、暴露的风险点进行分析研判，推动金融监管部门对非法金融活动全面排查、精准定性、分类处置、打早打小，助力完善风险源头防控和风险处置机制。通过检察建议、风险提示等方式，对办案中发现的企业管理漏洞及风险隐患及时预警、提出建议，并推动完善行业自律管理。

（三）积极促进全面加强金融监管。结合办案深入分析金融领域各类犯罪案件的主要特点、发案规律及深层次原因，深化与金融监管部门的合作，将依法从严惩治金融犯罪与完善监管有机结合，推动落实金融监管全覆盖。在办理非法集资、金融诈骗、财务造假等重大金融案件和区域性金融案件时，加强分析研判，对发现的监管中的系统性、倾向性问题向监管部门提出检察建议，助推金融监管制度不断优化完善。

（四）协同依法规范金融创新活动。加强对利用新技术、新业态实施金融违法犯罪活动的分析研判，协同金融监管部门准确识变、科学应变、严厉打击"无照驾驶"非法金融活动，依法保障合法金融创新活动正常开展。关注以虚拟货币、数字藏品等投资名义实施金融违法犯罪的新型风险，主动与有关部门研究制定应对处置方案。准确认定利用金融衍生品操纵市场，利用私募、信托产品实施场外配资等证券犯罪新手段，及时揭露和打击新型金融违法犯罪。

（五）大力推进金融领域市场化、法治化建设。围绕金融供给侧改革，积极协同金融监管部门完善监管规则，依法保障科技金融、绿色金融、普惠金融、养老金融、数字金融5篇大文章建设。对金融机构及其从业人员坚持惩治与预防并重，注重通过制发检察建议等方式，实现由个案问题、类案问题推动完善"善治"规则，推动全面形成守法诚信经营的金融市场环境。积极、稳妥、有序推进金融领域涉案企业合规改革，促进涉金融犯罪金融机构或者相关企业依法经营。积极推动将企业合规与行业治理有序衔接，引导金融机构及相关市场主体完善治理结构和管理制度。探索在金融机构聚集区域的地方检察院建立金融犯罪警示教育基地，常态化开展金融从业人员法治教育。

（六）助力培育金融消费领域法治风尚。落实"谁执法、谁普法"普法责任制，注重总结新型高发金融案件特点，及时发布典型案例、风险提示等，揭露新型、常见多发金融犯罪手段，提示风险防范要点。探索建立检察机关预防金融犯罪法治宣传教育常态化机制，不断增强全民识别防范金融诈骗风险能力，引领树立理性、守信的金融法治风尚。

五、加强对金融检察工作的组织领导，为高质效履职提供有力的组织保障

（一）加强组织领导。各级检察机关要把服务保障金融高质量发展作为重要政治任务，提上重要议事日程，切实加强领导和组织保障，创新工作举措，持续抓好中央金融工作会议精神的贯彻落实。要结合本地金融工作实际，积极依靠党委领导、争取政府支持，加强同金融监管部门、公安、法院等协作配合，形成工作合力。上级检察机关要加强对下指导，及时总结推广典型经验，研究解决实际问题。特别是金融业相对发达地区检察机关要结合履职办案加强研究分析和经验总结，着力探索形成具有示范性、可复制的经验做法。

（二）加强金融检察专业队伍建设。各级检察机关要结合地方金融检察工作实际，优化金融检察专门办案机构或者办案团队设置，加

大金融涉外法治人才培养力度，建立一支适应服务保障金融高质量发展实际需要的专业化检察队伍。加强检察机关证券期货犯罪办案基地建设。动态调整经济犯罪（金融）检察人才库，更好发挥人才作用。有效发挥金融检察专业人才作用，鼓励建立跨区域、跨院级专业办案（研究）团队，发挥上下联动优势，补齐相对薄弱地区短板。创新开展岗位练兵、以案代训、业务研讨、重大案件庭审观摩等，不断提升办理金融检察案件整体水平。加强与金融监管部门等单位的同堂培训、业务交流，以及与高校、科研院所的检学共建，广泛借助外脑提升金融检察专业化水平。

（三）加强数字检察赋能金融检察专业化建设。深入推动数字检察战略在金融检察工作中的应用，鼓励运用大数据、人工智能等科技创新成果与金融检察工作深度融合，提升办案质效和监督效能。探索运用数字手段，提升涉众型金融犯罪案件海量证据审查能力和审查质效。加强金融类案件数据监督模型的创用工作，助推刑事、民事、行政、公益诉讼检察案件办理质效，挖掘更多深层次法律监督线索。支持系统内外金融检察相关数字科研项目研发工作，鼓励科研项目在金融检察工作中的实战应用，推动科研与检察实践相互促进提升。

权威解读

《最高人民检察院关于充分发挥检察职能作用依法服务保障金融高质量发展的意见》主要情况说明

葛晓燕[*]

中央金融工作会议召开后,最高检党组高度重视,认真学习贯彻落实习近平总书记在中央金融工作会议上的重要讲话精神,结合检察工作研究部署落实措施,并制发了《最高人民检察院关于充分发挥检察职能作用 依法服务保障金融高质量发展的意见》(以下简称《意见》)。

习近平总书记在中央金融工作会议上强调,金融是国民经济的血脉,是国家核心竞争力的重要组成部分。检察机关作为法律监督机关,应当在防范化解金融风险、维护国家金融安全、推动金融高质量发展等方面承担起更重责任。《意见》旨在解答检察机关在推动金融高质量发展中如何更好发挥检察职责作用这一重大问题,以贯彻落实习近平总书记在中央金融工作会议上的重要讲话精神为主线,从提高政治站位、高质效履行检察职能、完善金融检察体制机制、优化金融生态、加强组织领导等方面,明确今后一个时期金融检察工作的目标任务和方法措施。

---

* 葛晓燕,最高人民检察院党组成员、副检察长。

一、明确金融检察工作的目标任务和基本原则

《意见》根据习近平总书记总结的中国特色金融发展之路"八个坚持"的本质特征，结合检察工作现代化的要求，从政治站位、价值取向、履职目的、履职方法四个方面提出了金融检察工作需要遵循的基本原则，即始终坚持党的领导，坚持以人民为中心的价值取向，坚持统筹金融发展与安全，坚持高质效办好每一个金融检察案件。检察机关在具体办案中要落实好这四个原则，准确领会金融法治精神，妥善把握民事纠纷、行政违法与刑事犯罪的界限，既依法惩治和预防金融违法犯罪，又依法保障合法金融创新发展，坚决防止检察办案不当干预合法金融活动。

二、突出"四大检察"的工作重点

《意见》围绕全面加强监管、防范化解风险这个重点，立足检察职责提出了刑事、民事、行政、公益诉讼检察的履职重点。在刑事检察方面，重点是加大惩治金融风险高发领域金融犯罪力度，突出打击各种名目非法金融活动，持续加大对洗钱及其关联犯罪的追诉力度，依法妥善处置中小银行等金融机构风险，严厉打击财务造假、操纵市场等证券犯罪，坚决惩治金融腐败犯罪，以精准有力的刑事追诉惩治金融犯罪、震慑金融犯罪、预防金融犯罪。在民事检察方面，高质效办理金融领域民事监督案件，重点加大对金融领域逃废债、"砍头息""套路贷"等虚假诉讼违法犯罪行为的打击力度，着重加强民事执行监督，强化民事检察与刑事检察的有序衔接，加大对金融消费者合法权益的司法保护，维护公平诚信的金融市场秩序。在行政检察方面，将结合刑事案件办理积极推进与行政机关"反向"衔接工作。在公益诉讼检察方面，将围绕国有金融财产保护、金融账户敏感个人信息保护、涉

金融领域电信网络诈骗治理、金融行业反垄断等法定领域开展公益诉讼，并积极探索拓展普惠金融、养老金融、绿色金融等领域公益司法保护。《意见》还强调，"四大检察"在履行好各自职责的基础上，要进一步完善金融案件内部协同履职机制，及时移送各类检察监督案件线索，构建"四大检察"协同助力防范化解金融风险的检察体制。

三、坚持治罪与治理相结合

防范化解金融风险，刑事追诉是最后手段，关键仍在于落实好习近平总书记提出的"早识别、早预警、早暴露、早处置"。围绕这一目标任务，《意见》提出检察机关要坚持治罪与治理并重，优化金融生态，提出了6个方面的工作措施：一是主动参与金融法治建设，重点是要通过立法建议和司法解释工作，推动金融领域行政立法与刑事立法的有效衔接。二是结合办案加强对金融风险的预警处置，推动完善金融行业自律管理。三是通过制发检察建议等方式促进全面加强金融监管，推动实现金融监管全覆盖。四是协同依法规范金融创新活动，及时揭露和打击新型金融违法犯罪。五是大力推进金融领域市场化、法治化建设，依法保障科技金融、绿色金融、普惠金融、养老金融、数字金融五篇大文章建设，充分运用涉案企业合规改革、从业人员警示教育等方式，推动全面形成守法诚信经营的金融市场环境。六是探索建立检察机关金融犯罪法治宣传教育常态化机制，助力培育金融消费领域法治风尚，不断增强全民识别防范金融诈骗风险能力。

四、着力完善体制机制，加强组织保障

《意见》对完善惩治和预防金融违法犯罪体制机制和加强组织领导提出8条措施，重点内容包括：完善检察机关金融案件办理机制，

重点解决跨区域案件、疑难复杂案件办理及追赃挽损等工作中的堵点，接下来最高检还将研究制定专门的办案工作指引。强化与公安机关、人民法院等部门间的配合制约机制建设，完善与金融监管部门的行刑双向衔接机制，借助外力补足检察办案专业化方面的局限性。加强金融检察专业队伍建设，因地制宜优化金融检察专门办案机构或者办案团队，加大金融涉外法治人才培养力度。更注重发挥北京、上海、成渝地区以及其他金融业相对发达地区检察院的引领示范作用。加强数字检察赋能金融检察专业化建设，深入推动数字检察模型在金融检察工作中的应用。

　　下一步，各级检察机关将结合贯彻落实党的二十大精神、中央金融工作会议精神、中央经济工作会议精神，扎实抓好《意见》的贯彻落实，以实实在在的工作成效，为防范化解金融风险、推动金融高质量发展提供更有力法治保障。

最高人民法院、最高人民检察院、公安部、司法部关于办理醉酒危险驾驶刑事案件的意见

（高检发办字〔2023〕187号　2023年12月13日印发）

为维护人民群众生命财产安全和道路交通安全，依法惩治醉酒危险驾驶（以下简称醉驾）违法犯罪，根据刑法、刑事诉讼法等有关规定，结合执法司法实践，制定本意见。

一、总体要求

第一条　人民法院、人民检察院、公安机关办理醉驾案件，应当坚持分工负责，互相配合，互相制约，坚持正确适用法律，坚持证据裁判原则，严格执法，公正司法，提高办案效率，实现政治效果、法律效果和社会效果的有机统一。人民检察院依法对醉驾案件办理活动实行法律监督。

第二条　人民法院、人民检察院、公安机关办理醉驾案件，应当全面准确贯彻宽严相济刑事政策，根据案件的具体情节，实行区别对待，做到该宽则宽，当严则严，罚当其罪。

第三条　人民法院、人民检察院、公安机关和司法行政机关应当坚持惩治与预防相结合，采取多种方式强化综合治理、诉源治理，从源头上预防和减少酒后驾驶行为发生。

二、立案与侦查

第四条 在道路上驾驶机动车,经呼气酒精含量检测,显示血液酒精含量达到 80 毫克/100 毫升以上的,公安机关应当依照刑事诉讼法和本意见的规定决定是否立案。对情节显著轻微、危害不大,不认为是犯罪的,不予立案。

公安机关应当及时提取犯罪嫌疑人血液样本送检。认定犯罪嫌疑人是否醉酒,主要以血液酒精含量鉴定意见作为依据。

犯罪嫌疑人经呼气酒精含量检测,显示血液酒精含量达到 80 毫克/100 毫升以上,在提取血液样本前脱逃或者找人顶替的,可以以呼气酒精含量检测结果作为认定其醉酒的依据。

犯罪嫌疑人在公安机关依法检查时或者发生道路交通事故后,为逃避法律追究,在呼气酒精含量检测或者提取血液样本前故意饮酒的,可以以查获后血液酒精含量鉴定意见作为认定其醉酒的依据。

第五条 醉驾案件中"道路""机动车"的认定适用道路交通安全法有关"道路""机动车"的规定。

对机关、企事业单位、厂矿、校园、居民小区等单位管辖范围内的路段是否认定为"道路",应当以其是否具有"公共性",是否"允许社会机动车通行"作为判断标准。只允许单位内部机动车、特定来访机动车通行的,可以不认定为"道路"。

第六条 对醉驾犯罪嫌疑人、被告人,根据案件具体情况,可以依法予以拘留或者取保候审。具有下列情形之一的,一般予以取保候审:

(一)因本人受伤需要救治的;

(二)患有严重疾病,不适宜羁押的;

(三)系怀孕或者正在哺乳自己婴儿的妇女;

（四）系生活不能自理的人的唯一扶养人；

（五）其他需要取保候审的情形。

对符合取保候审条件，但犯罪嫌疑人、被告人不能提出保证人，也不交纳保证金的，可以监视居住。对违反取保候审、监视居住规定的犯罪嫌疑人、被告人，情节严重的，可以予以逮捕。

第七条 办理醉驾案件，应当收集以下证据：

（一）证明犯罪嫌疑人情况的证据材料，主要包括人口信息查询记录或者户籍证明等身份证明；驾驶证、驾驶人信息查询记录；犯罪前科记录、曾因饮酒后驾驶机动车被查获或者行政处罚记录、本次交通违法行政处罚决定书等；

（二）证明醉酒检测鉴定情况的证据材料，主要包括呼气酒精含量检测结果、呼气酒精含量检测仪标定证书、血液样本提取笔录、鉴定委托书或者鉴定机构接收检材登记材料、血液酒精含量鉴定意见、鉴定意见通知书等；

（三）证明机动车情况的证据材料，主要包括机动车行驶证、机动车信息查询记录、机动车照片等；

（四）证明现场执法情况的照片，主要包括现场检查机动车、呼气酒精含量检测、提取与封装血液样本等环节的照片，并应当保存相关环节的录音录像资料；

（五）犯罪嫌疑人供述和辩解。

根据案件具体情况，还应当收集以下证据：

（一）犯罪嫌疑人是否饮酒、驾驶机动车有争议的，应当收集同车人员、现场目击证人或者共同饮酒人员等证人证言、饮酒场所及行驶路段监控记录等；

（二）道路属性有争议的，应当收集相关管理人员、业主等知情人员证言、管理单位或者有关部门出具的证明等；

（三）发生交通事故的，应当收集交通事故认定书、事故路段监控记录、人体损伤程度等鉴定意见、被害人陈述等；

（四）可能构成自首的，应当收集犯罪嫌疑人到案经过等材料；

（五）其他确有必要收集的证据材料。

第八条 对犯罪嫌疑人血液样本提取、封装、保管、送检、鉴定等程序，按照公安部、司法部有关道路交通安全违法行为处理程序、鉴定规则等规定执行。

公安机关提取、封装血液样本过程应当全程录音录像。血液样本提取、封装应当做好标记和编号，由提取人、封装人、犯罪嫌疑人在血液样本提取笔录上签字。犯罪嫌疑人拒绝签字的，应当注明。提取的血液样本应当及时送往鉴定机构进行血液酒精含量鉴定。因特殊原因不能及时送检的，应当按照有关规范和技术标准保管检材并在五个工作日内送检。

鉴定机构应当对血液样品制备和仪器检测过程进行录音录像。鉴定机构应当在收到送检血液样本后三个工作日内，按照有关规范和技术标准进行鉴定并出具血液酒精含量鉴定意见，通知或者送交委托单位。

血液酒精含量鉴定意见作为证据使用的，办案单位应当自收到血液酒精含量鉴定意见之日起五个工作日内，书面通知犯罪嫌疑人、被告人、被害人或者其法定代理人。

第九条 具有下列情形之一，经补正或者作出合理解释的，血液酒精含量鉴定意见可以作为定案的依据；不能补正或者作出合理解释的，应当予以排除：

（一）血液样本提取、封装、保管不规范的；

（二）未按规定的时间和程序送检、出具鉴定意见的；

（三）鉴定过程未按规定同步录音录像的；

（四）存在其他瑕疵或者不规范的取证行为的。

三、刑事追究

第十条 醉驾具有下列情形之一，尚不构成其他犯罪的，从重处理：

（一）造成交通事故且负事故全部或者主要责任的；

（二）造成交通事故后逃逸的；

（三）未取得机动车驾驶证驾驶汽车的；

（四）严重超员、超载、超速驾驶的；

（五）服用国家规定管制的精神药品或者麻醉药品后驾驶的；

（六）驾驶机动车从事客运活动且载有乘客的；

（七）驾驶机动车从事校车业务且载有师生的；

（八）在高速公路上驾驶的；

（九）驾驶重型载货汽车的；

（十）运输危险化学品、危险货物的；

（十一）逃避、阻碍公安机关依法检查的；

（十二）实施威胁、打击报复、引诱、贿买证人、鉴定人等人员或者毁灭、伪造证据等妨害司法行为的；

（十三）二年内曾因饮酒后驾驶机动车被查获或者受过行政处罚的；

（十四）五年内曾因危险驾驶行为被判决有罪或者作相对不起诉的；

（十五）其他需要从重处理的情形。

第十一条 醉驾具有下列情形之一的，从宽处理：

（一）自首、坦白、立功的；

（二）自愿认罪认罚的；

（三）造成交通事故，赔偿损失或者取得谅解的；

（四）其他需要从宽处理的情形。

第十二条 醉驾具有下列情形之一，且不具有本意见第十条规定情形的，可以认定为情节显著轻微、危害不大，依照刑法第十三条、刑事诉讼法第十六条的规定处理：

（一）血液酒精含量不满150毫克/100毫升的；

（二）出于急救伤病人员等紧急情况驾驶机动车，且不构成紧急避险的；

（三）在居民小区、停车场等场所因挪车、停车入位等短距离驾驶机动车的；

（四）由他人驾驶至居民小区、停车场等场所短距离接替驾驶停放机动车的，或者为了交由他人驾驶，自居民小区、停车场等场所短距离驶出的；

（五）其他情节显著轻微的情形。

醉酒后出于急救伤病人员等紧急情况，不得已驾驶机动车，构成紧急避险的，依照刑法第二十一条的规定处理。

第十三条 对公安机关移送审查起诉的醉驾案件，人民检察院综合考虑犯罪嫌疑人驾驶的动机和目的、醉酒程度、机动车类型、道路情况、行驶时间、速度、距离以及认罪悔罪表现等因素，认为属于犯罪情节轻微的，依照刑法第三十七条、刑事诉讼法第一百七十七条第二款的规定处理。

第十四条 对符合刑法第七十二条规定的醉驾被告人，依法宣告缓刑。具有下列情形之一的，一般不适用缓刑：

（一）造成交通事故致他人轻微伤或者轻伤，且负事故全部或者主要责任的；

（二）造成交通事故且负事故全部或者主要责任，未赔偿损失的；

（三）造成交通事故后逃逸的；

（四）未取得机动车驾驶证驾驶汽车的；

（五）血液酒精含量超过180毫克/100毫升的；

（六）服用国家规定管制的精神药品或者麻醉药品后驾驶的；

（七）采取暴力手段抗拒公安机关依法检查，或者实施妨害司法行为的；

（八）五年内曾因饮酒后驾驶机动车被查获或者受过行政处罚的；

（九）曾因危险驾驶行为被判决有罪或者作相对不起诉的；

（十）其他情节恶劣的情形。

第十五条 对被告人判处罚金，应当根据醉驾行为、实际损害后果等犯罪情节，综合考虑被告人缴纳罚金的能力，确定与主刑相适应的罚金数额。起刑点一般不应低于道路交通安全法规定的饮酒后驾驶机动车相应情形的罚款数额；每增加一个月拘役，增加一千元至五千元罚金。

第十六条 醉驾同时构成交通肇事罪、过失以危险方法危害公共安全罪、以危险方法危害公共安全罪等其他犯罪的，依照处罚较重的规定定罪，依法从严追究刑事责任。

醉酒驾驶机动车，以暴力、威胁方法阻碍公安机关依法检查，又构成妨害公务罪、袭警罪等其他犯罪的，依照数罪并罚的规定处罚。

第十七条 犯罪嫌疑人醉驾被现场查获后，经允许离开，再经公安机关通知到案或者主动到案，不认定为自动投案；造成交通事故后保护现场、抢救伤者，向公安机关报告并配合调查的，应当认定为自动投案。

第十八条 根据本意见第十二条第一款、第十三条、第十四条处理的案件，可以将犯罪嫌疑人、被告人自愿接受安全驾驶教育、从事交通志愿服务、社区公益服务等情况作为作出相关处理的考量因素。

第十九条 对犯罪嫌疑人、被告人决定不起诉或者免予刑事处罚的，可以根据案件的不同情况，予以训诫或者责令具结悔过、赔礼道歉、赔偿损失，需要给予行政处罚、处分的，移送有关主管机关处理。

第二十条 醉驾属于严重的饮酒后驾驶机动车行为。血液酒精含量达到80毫克/100毫升以上，公安机关应当在决定不予立案、撤销案件或者移送审查起诉前，给予行为人吊销机动车驾驶证行政处罚。根据本意见第十二条第一款处理的案件，公安机关还应当按照道路交通安全法规定的饮酒后驾驶机动车相应情形，给予行为人罚款、行政拘留的行政处罚。

人民法院、人民检察院依据本意见第十二条第一款、第十三条处理的案件，对被不起诉人、被告人需要予以行政处罚的，应当提出检察意见或者司法建议，移送公安机关依照前款规定处理。公安机关应当将处理情况通报人民法院、人民检察院。

四、快速办理

第二十一条 人民法院、人民检察院、公安机关和司法行政机关应当加强协作配合，在遵循法定程序、保障当事人权利的前提下，因地制宜建立健全醉驾案件快速办理机制，简化办案流程，缩短办案期限，实现醉驾案件优质高效办理。

第二十二条 符合下列条件的醉驾案件，一般应当适用快速办理机制：

(一) 现场查获，未造成交通事故的；

(二) 事实清楚，证据确实、充分，法律适用没有争议的；

(三) 犯罪嫌疑人、被告人自愿认罪认罚的；

(四) 不具有刑事诉讼法第二百二十三条规定情形的。

第二十三条 适用快速办理机制办理的醉驾案件，人民法院、人民检察院、公安机关一般应当在立案侦查之日起三十日内完成侦查、起诉、审判工作。

第二十四条 在侦查或者审查起诉阶段采取取保候审措施的，案件移送至审查起诉或者审判阶段时，取保候审期限尚未届满且符合取保候审条件的，受案机关可以不再重新作出取保候审决定，由公安机关继续执行原取保候审措施。

第二十五条 对醉驾被告人拟提出缓刑量刑建议或者宣告缓刑的，一般可以不进行调查评估。确有必要的，应当及时委托社区矫正机构或者有关社会组织进行调查评估。受委托方应当及时向委托机关提供调查评估结果。

第二十六条 适用简易程序、速裁程序的醉驾案件，人民法院、人民检察院、公安机关和司法行政机关可以采取合并式、要素式、表格式等方式简化文书。

具备条件的地区，可以通过一体化的网上办案平台流转、送达电子卷宗、法律文书等，实现案件线上办理。

五、综合治理

第二十七条 人民法院、人民检察院、公安机关和司法行政机关应当积极落实普法责任制，加强道路交通安全法治宣传教育，广泛开展普法进机关、进乡村、进社区、进学校、进企业、进单位、进网络工作，引导社会公众培养规则意识，养成守法习惯。

第二十八条 人民法院、人民检察院、公安机关和司法行政机关应当充分运用司法建议、检察建议、提示函等机制，督促有关部门、企事业单位，加强本单位人员教育管理，加大驾驶培训环节安全驾驶教育，规范代驾行业发展，加强餐饮、娱乐等涉酒场所管理，加大警示提醒力度。

第二十九条 公安机关、司法行政机关应当根据醉驾服刑人员、社区矫正对象的具体情况，制定有针对性的教育改造、矫正方案，实现分类管理、个别化教育，增强其悔罪意识、法治观念，帮助其成为守法公民。

六、附则

第三十条 本意见自2023年12月28日起施行。《最高人民法院 最高人民检察院 公安部关于办理醉酒驾驶机动车刑事案件适用法律若干问题的意见》（法发〔2013〕15号）同时废止。

权威解读

《关于办理醉酒危险驾驶刑事案件的意见》的理解与适用

曹红虹　杨先德[*]

2023年12月13日，最高人民法院、最高人民检察院、公安部、司法部联合印发了《关于办理醉酒危险驾驶刑事案件的意见》（以下简称《意见》），并已于2023年12月28日起施行。为便于执法司法实践中准确理解和适用该指导文件，现就《意见》的制定背景、起草原则和主要内容等说明如下。

一、制定的背景

2011年5月，《刑法修正案（八）》增设了危险驾驶罪，在道路上醉酒驾驶机动车（以下简称醉驾）是其中一种危险驾驶行为。最高人民法院、最高人民检察院、公安部于2013年12月印发的《关于办理醉酒驾驶机动车刑事案件适用法律若干问题的意见》（以下简称"2013年意见"），对明确醉驾认定标准、规范案件办理程序起到了积极作用。醉驾入刑以来，各地坚持严格执法、公正司法，依法惩治酒驾醉驾违法犯罪行为，有力维护了人民群众生命财产安全和道路交通安全，酒驾醉驾百车查处率明显下降，酒驾醉驾导致的恶性交通死亡事故大幅减少，"喝酒不开车，开车不喝酒"的法治观念逐步成为社会共识，酒

---

[*] 曹红虹，最高人民检察院第一检察厅副厅长、二级高级检察官；杨先德，最高人民检察院第一检察厅四级高级检察官助理。

驾醉驾治理成效显著。

党的十八大以来，以习近平同志为核心的党中央领导人民续写了经济快速发展和社会长期稳定两大奇迹，人民群众获得感、幸福感、安全感不断增强，执法司法理念、社会治理能力也在与时俱进。如何助力更高水平的平安中国建设，更好地发挥刑罚在社会治理中的作用，更好地落实严格执法、公正司法，十年来，各地在依法惩治酒驾醉驾方面进行了有益探索，积累了丰富的司法经验。同时，在醉驾案件办理中也遇到一些新情况、新问题，对"2013年意见"进行补充完善很有必要，条件也已经成熟。为深入贯彻习近平法治思想，根据新形势新变化新要求，积极回应社会关切，在中央政法委组织领导下，最高人民法院、最高人民检察院、公安部、司法部总结各地经验，经深入调研、共同协商，听取司法实务人员和专家学者意见建议，并征求全国人大常委会法制工作委员会意见，制定了《意见》。

二、关于《意见》的起草原则和总体要求

《意见》落实落细"四个坚持"。坚持人民至上，将维护人民群众生命财产安全置于首位，同时对醉驾情节轻微的初犯给予改过自新的机会。坚持严格执法、公正司法，进一步统一执法司法标准、规范执法办案，做到有法可依、有法必依、执法必严、违法必究。处理具体案件实事求是、不枉不纵、宽严相济、法理情融合，确保办案取得良好的政治效果、法律效果和社会效果。坚持系统思维，兼顾惩治与预防、公正与效率、刑罚手段与非刑罚手段的协调性。不仅关注醉酒危险驾驶犯罪的刑罚惩治，也注重因醉驾构成交通肇事罪、以危险方法危害公共安全罪等更严重犯罪的刑罚惩治。坚持综合治理，运用刑罚手段惩治醉驾的同时，也重视源头治理、综合施策，协同党政机关、

行业协会、企事业单位以及公民个人，齐抓共管、群防群治，共同做好各环节的预防、治理工作。

上述起草原则贯彻于《意见》起草工作和文本始终。《意见》提出了办理醉驾案件和醉驾治理要坚持严格依法办案、贯彻宽严相济、强化综合治理的总体要求。一是严格依法办案。公检法机关办理醉驾案件，应当坚持分工负责，互相配合，互相制约，坚持证据裁判原则，正确适用法律，严格执法，公正司法，提高办案效率，实现政治效果、法律效果和社会效果的有机统一。同时要加强人民检察院依法对醉驾案件办理活动的法律监督。二是贯彻宽严相济刑事政策。公检法机关办理醉驾案件，应当全面准确贯彻宽严相济刑事政策，根据案件的具体情节，实行区别对待，做到该宽则宽，当严则严，罚当其罪。三是强化综合治理。公检法司机关应当坚持惩治与预防相结合，采取多种方式强化综合治理、诉源治理，从源头上预防和减少酒后驾驶行为发生。上述要求既是对醉驾案件办理和醉驾治理工作的总体要求，也在《意见》具体条文中有充分体现。

三、关于醉驾案件的立案与侦查

（一）关于立案标准

《意见》第4条第1款规定，在道路上驾驶机动车，经呼气酒精含量检测，显示血液酒精含量达到80毫克/100毫升以上的，公安机关应当依照刑事诉讼法和本《意见》的规定决定是否立案。对情节显著轻微、危害不大，不认为是犯罪的，不予立案。

要从三个方面把握立案新规定：一是醉酒标准并未变化，仍是血液酒精含量达到80毫克/100毫升。二是经过呼气检测显示，行为人的血液酒精含量达到80毫克/100毫升以上，就存在犯罪嫌疑，是否按照刑事案件立案，还要按照包括《刑事诉讼法》《公安机关办理刑事案件程序规定》以及《意见》等有关规定开展进一步调查核实和认定判断，符合立案条件的依法立案，不符合立案条件的不予立案。三是明确情节显著轻微、危害不大的，不予立案。按照《公安机关办理刑事案件程序规定》第178条规定，犯罪事实显著轻微不需要追究刑事责任的，不予立案。对属于情节显著轻微、危害不大，《意见》第12条作了明确规定。

（二）关于醉酒认定的依据

1.主要以血液酒精含量鉴定意见作为依据。《意见》第4条第2款规定，公安机关应当及时提取犯罪嫌疑人血样送检。认定犯罪嫌疑人是否醉酒，主要以血液酒精含量鉴定意见作为依据。人体内的血液酒精含量会随着代谢减退，因此提取血样必须"及时"，在具备条件的情况下要"立即"提取血样。比如在现场由法医或者医务人员提取，无法在现场提取的，应当立即前往医院等有条件的地方提取血样。提取血样的及时性不仅涉及证据的准确性、客观性问题，也涉及执法司法的公平性、公正性问题，因此提取血样是否及时是检察机关办理案件的重点审查内容。对于从被现场查处到提取血样间隔时间明显较长的，要查明原因，必要时需要侦查机关作出说明。

"2013年意见"规定，血液酒精含量检验鉴定意见是认定犯罪嫌疑人是否醉酒的依据，《意见》调整为"主要以血液酒精含量鉴定意见作为依据"。也就是说，血液酒精含量鉴定意见并非认定醉酒的唯一依据，如此修改的主要原因是针对实践中存在极少数特定情形，没有血液酒精含量鉴定意见的也可以定案。如《意见》第4条第3款规定的呼气后脱逃的情形以及血检结果虽然被排除，但是有呼气检测结果以及结合其他证据能够排除合理怀疑证明犯罪嫌疑人、被告人确实醉酒的情形。需要说明的是，考虑到受到多种因素影响，呼气酒精检测结果的稳定性、精确度还不够高，呼气酒精检测结果作为醉驾认定的依据属于特例，在实践中认定要特别慎重。

2. 以呼气酒精含量检测结果定案的情形。《意见》第4条第3款规定，犯罪嫌疑人经呼气酒精含量检测，显示血液酒精含量达到80毫克/100毫升以上，在提取血样之前脱逃或者找人顶替的，可以以呼气酒精含量检测结果作为认定其醉酒的依据。该款主要适用于呼气酒精检测后，行为人脱逃或者找人顶替，没有再对行为人进行血检，导致没有血液酒精含量鉴定意见作为定案依据的情形。相较于"2013年意见"，该款增加了呼气酒精检测后，行为人"找人顶替"的情形。如行为人现场进行呼气酒精检测后，谎称他人是驾驶人或者他人表示自己才是真正驾驶人，公安机关未再提取本人血液，事后查明存在"顶包"情况，此时已经丧失提取血样的条件或者因为"顶包"行为导致提取血液为时过晚。在上述两种情况下，行为人逃避惩处的意图明显，应当承担逃避惩处的不利后果，《意见》结合呼气酒精检测结果和其他证据认定其是否构成醉酒，符合证明标准，也有利于遏制这种行为发生。

3. 二次饮酒情形的认定处理。《意见》第4条第4款规定，犯罪嫌疑人在公安机关依法检查时或者发生道路交通事故后，为逃避法律追究，在呼气酒精含量检测或者提取血样前故意饮酒的，可以以查获后血液酒精含量鉴定意见作为认定其醉酒的依据。相较于"2013年意见"，对呼气酒精检测和提取血液前故意饮酒的，增加了发生交通事故后故意饮酒的情形。主要是针对实践中出现的，行为人醉驾肇事后，民警到达现场前或者到达现场后，行为人为逃避法律追究，在现场或者逃离现场在其他地方故意饮酒的，如何认定处理的问题。在这两种情况下，行为人一般情况下本就已经饮酒，只是企图以二次饮酒的方式制造事实不清的乱象，从而逃避法律追究。此时，因为已经无法还原再次饮酒前的实际饮酒状况，导致对再次饮酒前是否属于醉酒存在疑问。

在这个问题上，《意见》延续了"2013年意见"的认定思路，如果最终实测的血检结果达到80毫克/100毫升，就认定行为人属于醉酒。这本质上是一种司法推定，推定的前提是存在以下的基础事实：一是确实有证据证明行为人之前已经饮酒。这一点可以结合犯罪嫌疑人供述、共同饮酒人员证言、饮酒场所监控视频、目击证人证言等综合判断。二是主观上是为了逃避法律追究。这种逃避法律追究的心理状态是从行为人的具体行为表现中推断出来的。在规定的这两种情形中，行为人已经知道其要面临执法检查，其应当做的是配合检查、处理，而不应当做出再次喝酒的举动，如果做出这些举动就可以推断出其是为了逃避追究。三是再次饮酒后实测结果达到了80毫克/100毫升。

（三）关于道路和机动车的认定

1. 一般规定。"道路"和"机动车"均属于醉酒危险驾驶犯罪的构成要件事实，且系关键犯罪事实，在司法认定中也经常产生争议。《意见》第5条第1款规定，醉驾案件中"道路""机动车"的认定适用《道路交通安全法》有关"道路""机动车"的规定。该款属于参引性条款。危险驾驶属于行政犯，在具体的构成要件上一般情况下要从属于行政法规范的界定。《道路交通安全法》对"道路"和"机动车"均有界定，醉驾案件中的相关概念也要与其保持一致。

《道路交通安全法》第119条第1项规定，"道路"，是指公路、城市道路和虽在单位管辖范围但允许社会机动车通行的地方，包括广场、公共停车场等用于公众通行的场所。《道路交通安全法》第119条第3项规定，"机动车"，是指以动力装置驱动或者牵引，上道路行驶的供人员乘用或者用于运送物品以及进行工程专项作业的轮式车辆。

2. 关于单位等管辖内的路段认定。在实践中，关于单位管辖范围内的路段的属性认定常发生争议。在充分总结近年来的司法实践判例基础上，《意见》第5条第2款规定，对于机关、企事业单位、厂矿、校园、居民小区等单位管辖范围内的路段是否认定为"道路"，应当以其是否具有"公共性"，是否"允许社会机动车通行"作为判断标准。只允许单位内部机动车、特定来访机动车通行的，可以不认定为"道路"。这里的"公共性"包含着路段的开放性、车辆的不特定性等特征。这些特征决定了在该路段醉酒驾驶机动车对人民群众生命财产安全、公共安全会造成较大风险，与正常的公路、城市道路等并无本质区别。比如一些小区允许外来车辆自由进入或通过（有的在小区内停放的可能会收取一定费用），这类小区内的路段就具有开放性和通行车辆不特定的特征。

但是，对于只允许单位内部车辆、特定来访车辆通行的，因为开放性有限、通行的车辆数量也有限，与公路等"道路"不能等量齐观，不宜认定为危险驾驶罪中的"道路"。这里的"内部车辆"主要是指单位所有或者单位人员所有、管理、使用的车辆。关于"特定来访车辆"主要是指具有特定的来访目的，需要经过单位或单位内部人员以一定方式同意方能进入单位管辖路段的车辆。比如车辆进入需要在保安处登记、需经保安允许或者需告知小区业主并获得同意才能放行的，该类路段就不属于危险驾驶中的"道路"。当然，实践中，各个单位、小区的管理严格程度、管理方式不同，总的来说，对进出单位管辖路段有一定管理、限制的，认定为"道路"就需要慎重。对有争议的路段，可以结合知情人员证言、管理单位或者有关部门出具的证明、管理规范，乃至通过实地考察的方式予以判断认定。

（四）关于强制措施适用

《意见》基本沿用了"2013年意见"关于强制措施的规定。

1. 关于拘留和取保候审。《意见》第6条第1款规定，对醉驾犯罪嫌疑人、被告人，根据案件具体情况，可以依法予以拘留或者取保候审。具体是采取拘留还是取保候审强制措施由公安机关根据实际情况依法具体把握。为了体现对醉驾案件的从严打击，有的地方对醉驾案件除有不适合羁押等特殊情况的，对犯罪嫌疑人一般予以先行拘留。由于危险驾驶案件的法定刑为拘役，不符合逮捕的条件，在适用拘留后，一般并不需要提请逮捕，因此对醉驾案件适用拘留也要严格遵循法定的期限，不能造成超期羁押。按照《刑事诉讼法》第91条的规定，对醉驾犯罪嫌疑人一般只能拘留3日，在特殊情况下，延长1日至4日，最长也只能拘留7日。在《意见》起草过程中，有意见提出实践中有的地方对醉驾案件不区分情形一律先行拘留，对一些不适宜羁押的人也适用了拘留，不符合法律政策精神。为了避免出现这种情况，《意见》在"2013年意见"基础上规定了因本人受伤需要救治等五种一般予以取保候审的情形。

2. 关于监视居住和逮捕。《意见》第6条第2款规定，对符合取保候审条件，但犯罪嫌疑人、被告人不能提出保证人，也不交纳保证金的，可以监视居住。对违反取保候审、监视居住规定的犯罪嫌疑人、被告人，情节严重的，可以予以逮捕。该条规定的依据是《刑事诉讼法》第74条第2款、第81条第4款规定。尤其是逮捕的适用，可以根据最高法、最高检和公安部发布的相关司法解释和部门规章的具体规定执行，总体上从严把握逮捕条件。

（五）关于证据收集

1. 证据收集的一般要求。在调研、起草过程中，研究认为，虽然没有必要就醉驾案件证据收集进行全面、详细规定，但是要结合醉驾入刑以来的执法司法实践，对醉驾案件定案需要的证据进行梳理总结和概括分类，尤其是要对容易产生争议的关键证据（如血液酒精含量鉴定意见）及其收集、审查、认定进行统一、规范和明确，解决实践中遇到的难题。

《意见》第7条第1款规定了醉驾应当收集的证据，也就是证明醉驾犯罪事实和量刑情节等必备的证据。在当事人没有提出异议、案件事实没有争议或者没有其他特殊情况下，一起醉驾案件收集第7条第1款规定的证据即可，不用再收集和移送其他证据。比如说，如果现场查处时，通过现场视频等可以认定是犯罪嫌疑人驾驶的车辆，当事人也没有辩解不是其驾车，就没有必要再调取同车人员或者其他目击证人的证人证言。

应当收集的证据主要包括犯罪嫌疑人基本情况证据、醉酒检测鉴定证据、机动车情况证据、执法过程证据以及犯罪嫌疑人的供述和辩解。应当收集的证据也要注意简化收集方式和证据形式。比如，虽然现场查处、呼气检测、提取、封装血样都需要同步录音录像，但是一般情况下，公安机关收集和移送证据时，只要提供这些环节的照片证明相关事实即可。相关录音录像由公安机关留存备查，在产生争议、当事人等提出异议时再调取核查并移送审查。

《意见》第7条第2款主要针对有争议或者有事故等特殊情况的，在收集第7条第1款规定证据的基础上，还要求收集第2款规定的相应证据。比如到案经过材料，一般刑事案件均有到案经过材料，但是醉驾案件绝大部分是现场查处，在公安机关的受案材料、起诉意见书等材料中均有体现,一般不涉及自首的认定等情况,因此也就没必要再单独出具一份到案经过材料,但是如果是发生事故后报警或者其他情境下查获,就有必要对犯罪嫌疑人到案的情况进行专门说明,以便于查清是否存在自首、坦白等情节。

2.关于规范血检程序。《意见》对血检程序无法做到面面俱到的详细规定。一方面,《意见》第8条第1款原则性规定,对犯罪嫌疑人血样提取、封装、保管、送检、鉴定等程序,按照公安部、司法部有关道路交通安全违法行为处理程序、鉴定规则等规定执行。另一方面,《意见》第8条第2、3、4款对以下几项内容做了重点规范。

一是提取、封装血液样本过程必须全程录音录像。"2013年意见"对抽取血样过程规定的是"应当制作记录,有条件的,应当拍照、录音或者录像"。随着公安部大力推动执法规范化建设以及警务技术不断进步,佩戴使用执法记录仪等设备能够有效做到全程录音录像。为了进一步严格规范血液提取、封装,《意见》明确对这一过程应当全程录音录像。

二是血液样本提取、封装应当做好标记和编号,由提取人、封装人、犯罪嫌疑人在血液样本提取笔录上签字。犯罪嫌疑人拒绝签字的,应当注明。上述规定主要是确保提取的血样能够通过封装、标记、编号并由相关人员签字的方式固定化且做到可识别、不混淆。在研究过程中,有意见提出,提取、封装血样是否需要见证人并要求见证人签字的问题。经研究认为,如果提取、封装过程中能够做到同步录音录像,则没有必要再安排见证人见证,如果无法做到同步录音录像,则有必要找见证人见证。

三是提取的血样应当及时送检,最长不得超过5个工作日。关于提取血样送检时间,近年来实践中遇到的争议较多,2011年公安部

《关于公安机关办理醉酒驾驶机动车犯罪案件的指导意见》规定，不能立即送检的，可以在3日内送检。2020年公安部《道路交通安全违法行为处理程序规定》规定的是可以在5日（5个工作日）内送检。此次《意见》统一了送检时间，即因特殊原因不能及时送检的，应当在5个工作日内送检。

四是鉴定过程应当同步录音录像，并在3个工作日内出具鉴定意见。这里的"鉴定过程"主要是指鉴定人员使用检材的过程，主要是要求对血液样品制备和仪器检测过程进行录音录像。要通过录像能够看到血样由封装状态解封、取样、添加试剂等操作到运用仪器设备开展检测的过程。鉴定过程录像主要是对鉴定人员使用检材的一种外部监督方式。鉴定机构可以采用在鉴定场所安装固定式监控设备等方式对鉴定过程进行全程的录像。鉴定录音录像也不需要同步移送办案机关，而是在当事人提出异议等情况下留案备查。《意见》未对录像留存的时间作出统一要求，需要由司法鉴定机构主管部门作出规范，从案件办理的角度讲，录像应当保存到案件办结前（比如二审结束）。2011年公安部《关于公安机关办理醉酒驾驶机动车犯罪案件的指导意见》规定，对送检的血样，检验鉴定机构应当在3日内出具检验报告。此次《意见》结合实践情况，进一步统一明确鉴定机构自接收检材之日起，3个工作日内出具鉴定意见并通知或送交委托单位。

五是鉴定意见应当在5个工作日内书面通知犯罪嫌疑人、被告人、被害人或者其法定代理人。

3. 关于瑕疵证据的采信规则。近年来，围绕醉驾案件中的证据问题争议较多，尤其是血样的提取、封装、保管、送检、鉴定等环节未严格按照规定进行处理，导致证据能否采信出现争议。《意见》明确四种类型的证据为瑕疵证据，属于可补正的证据。一是血样提取、封装、保管不规范。这里的"不规范"是指取证行为未按照公安部《道路交通安全违法行为处理程序规定》以及《刑事诉讼法》《意见》等规定规范进行。比较常见的如提取血样时使用醇类酒精消毒、没有进行同步录音录像，封装时缺少提取人签字等。以醇类酒精消毒为例，在不少案件中，通过侦查实验等方式证明醇类酒精消毒对血液的污染极小，甚至可以忽略不计，如果血液实测结果高出 80 毫克/100 毫升或者 150 毫克/100 毫升较多，对于这种情况不应将相关证据直接排除。二是未按规定的时间和程序送检、出具鉴定意见。《意见》规定的送检、出具鉴定意见时间要比《司法鉴定程序通则》《公安机关鉴定规则》等规定更严格，主要是为了从严从快惩治醉驾而作的特殊规定。但是如果确实有正当理由无法在规定期限内完成，作出合理解释或者补正，能够排除合理怀疑的，则相关证据可以采信。比如在疫情防控等特殊时期，确实无法在《意见》规定的最严格的时间内作出鉴定，只要血样按规范得到了妥善保管，综合其他证据可以确保血检结果的可信性，则可以作为证据采信。三是鉴定过程未同步录音录像。鉴定过程没有同步录音录像的采信规则与提取、封装过程未同步录音录像的情形相同。四是存在其他瑕疵或者不规范的取证行为。

　　对于上述瑕疵证据，虽然可以补正，但是需要说明两点。一是瑕疵证据补正后要达到排除合理怀疑的程度。也就是说并不是所有不规范取证行为都可以在补正或者说明后被采信，还要具体问题具体分析，着重看补正和说明能否排除合理怀疑。比如血液一般需要低温保存，如果长时间未低温保存，由于证据受到了极大影响，即使补正、说明也不足以确保血检结果的真实性、准确性，相关证据应当排除。二是瑕疵证据可以补正，并不意味着可以随意、故意突破取证规范。公检法机关对瑕疵取证行为要按照自身职责和职权予以纠正，要求相关人员予以改正，杜绝再次发生。比如检察机关对相关瑕疵取证、违法取证，即使通过补正和合理说明予以采信，也要通过口头或者书面进行纠正。

四、关于刑事追究

（一）关于从重处理情节

1. 新增5项从重情节。相较于"2013年意见"，《意见》新增5项从重处理情节。其中包括"驾驶重型载货汽车的""运输危险化学品、危险货物的""驾驶机动车从事校车业务且载有师生的""服用国家规定管制的精神药品或者麻醉药品后驾驶的""实施威胁、打击报复、引诱、贿买证人、鉴定人等人员或者毁灭、伪造证据等妨害司法行为的"。这些情节主要反映了相关行为的危险系数较高或者行为人主观恶性较大，有必要从严处理。

（1）关于"驾驶重型载货汽车的"。按照行业标准《道路交通管理 机动车类型》（GA802—2019），"重型载货汽车"指总质量大于等于12吨的载货车辆，不含专项作业车。在审查时，不考虑该类车辆是否实际载货。

（2）关于"运输危险化学品、危险货物的"。"危险化学品"是指国务院《危险化学品安全管理条例》界定的"具有危害的剧毒化学品和其他化学品"，具体载于《危险化学品目录》。"危险货物"是由交通运输部《道路危险货物运输管理规定》界定的"危险货物"，是指具有爆炸、易燃、毒害、感染、腐蚀等危险特性，在生产、经营、运输、储存、使用和处置中，容易造成人身伤亡、财产损毁或者环境污染而需要特别防护的物质和物品。危险货物以列入《危险货物道路运输规则》（JT/T 617）的为准，未列入《危险货物道路运输规则》的，以有关法律、行政法规的规定或者国务院有关部门公布的结果为准。

（3）关于"驾驶机动车从事校车业务且载有师生的"。这里的"校车"不应限于《校车安全管理条例》第2条界定的校车范围，即"依照本条例取得使用许可，用于接送接受义务教育的学生上下学的7座以上的载客汽车"。没有取得校车使用许可，但是事实上是从事接送学生上下学的同等规格载客车辆，也应当认定为此处的"校车业务"，比如农村地区在相对固定的时间点用于接送学生的面包车、中巴车等车辆。这里的"校车"也应该包括接送、运载义务教育阶段之外的幼儿园学生、高中生、大学生、研究生等的车辆。"从事校车业务"而且同时要"载有师生"才认定为从重处理情节，"载有师生"包括仅载有老师或者仅载有学生。如果从事校车业务的车辆是空车或者载的不是师生，则不按照该款从重处理。

（4）关于"服用国家规定管制的精神药品或者麻醉药品后驾驶的"。这里的"国家规定管制的精神药品或者麻醉药品"主要是指公安部、国家药品监督管理总局、国家卫生健康委等发布的《麻醉药品品种管制目录》《精神药品品种目录》，以及公安部、国家卫生健康委、国家药品监督管理局等发布的《非药用类麻醉药品和精神药品管制品种增补目录》以及之后的调整目录公告确定的管制精神药品和麻醉药品。

（5）关于"实施威胁、打击报复、引诱、贿买证人、鉴定人等人员或者毁灭、伪造证据等妨害司法行为的"。这里主要指的是醉驾行为人为了逃避追究或者减轻自己的罪责，通过实施威胁、引诱、贿买、打击报复等方式，迫使证人、鉴定人等违背事实改变证言、作伪证、"顶包"、不敢作证、出具虚假鉴定意见等，或者毁灭、伪造证据等妨害司法行为，尚不构成其他犯罪。如果醉驾行为人实施上述行为构成了妨害作证罪、打击报复证人罪等其他犯罪，在醉酒驾驶行为中就不再作为对行为人从重处理的一个情节对待，行为人排除相应情节，不构成危险驾驶罪的，醉驾行为就不能再按照犯罪处理。

　　需要研究的是，指使他人"顶包"行为的处理。在醉驾案件中，"顶包"行为是典型的妨害司法行为。比如在发生事故或者被查处时，指使同车人员或者其他人员谎称是同车人员或者系他人驾驶车辆等。在这种情况下，按照《刑法》第307条第1款规定，醉酒驾驶行为人属于"指使他人作伪证"，可能构成"妨害作证罪"，被指使的人员可能构成"包庇罪"或者"伪证罪"。但是对"顶包"的行为人并不一定都认定为犯罪，如果"顶包"行为发生在亲友之间，不是为了获取经济利益等，很快被办案机关识破并主动承认"顶包"行为的，没有实施更为积极主动的妨碍司法行为，则将这种行为作为醉酒驾驶行为中的从重处理情节即可，可以不按照妨害作证罪或者伪证罪等追究行为人的责任。如果行为人本人并没有指使他人"顶包"，他人主动"顶包"的，情节轻微的，醉驾行为人可不构成"妨害作证罪"，但是由于其默认这种"顶包"行为，仍然属于妨害司法，可以作为从重处理情节对待。情节严重的，如已经进入司法程序，甚至判决执行完毕被发现的，仍以"妨害作证罪""包庇罪"等处理。醉驾行为人本人伪造、毁灭证据属于事后不可罚行为，但是作为妨害司法行为，可以当作从重处理情节对待。

　　2.《意见》保留并修改完善的情节。《意见》保留并修改完善了"2013年意见"的3项从重情节规定。一是对"2013年意见"中"曾因酒后驾驶机动车受过行政处罚或者刑事追究"的从重处理情节增加了"二年内（酒驾）""五年内（醉驾）"的期限限制，主要考虑是避免当事人"一次醉驾背负终身"，体现"给出路"、重挽救的导向，考虑到酒驾与醉驾的危险程度、恶劣程度不同，规定了不同的期限。这里的期限计算方式一般是根据前后两次行为发生之日期间的期限计算是否在两年或者5年内。二是将"2013年意见"中"驾驶载有乘客的营运机动车的"修改为"驾驶机动车从事客运活动且载有乘客的"，主要考虑是将该款限于从事客运活动的机动车，排除非客运机动车。另外，不再强调机动车"营运性"的形式属性，而是强调是否实质上从事"客运活动"，这样一来就可以涵盖实践中出现的虽然不是营运机动车，但是从事载客服务（如私家车从事网约车、顺风车服务乃至"黑车"载客）的行为。当然还是要求该类车辆被查处时要载有乘客，如果未载有乘客，则不作为从重处理情节看待。三是将"2013年意见"中的"无证驾驶"修改为"未取得机动车驾驶证驾驶汽车的"。这里的"未取得机动车驾驶证驾驶汽车"是指自始未取得过机动车驾驶证。如果取得过机动车驾驶证，需要与准驾车型相符。被暂扣或者曾经取得过机动车驾驶证但是因为各种原因被吊销、注销的，不属于这里规定的从重处理情形。主要考虑是要对没有经过正规驾驶培训而驾驶汽车的情形给予从重处理。

《意见》保留了"严重超员、超载、超速驾驶的"从重处理情节。具体是指超过额定乘员的20%、超过核定载质量的30%或者超过规定时速的50%。《意见》保留了"逃避、阻碍公安机关依法检查的"从重情节。对于发现前方正在进行依法检查，驾车逃跑或者弃车逃跑的，属于逃避依法检查。对于只是短时间不配合呼气检测、不摇车窗、拒绝呼气检测，最终又配合呼气检测或者提取血样的，不宜认定为逃避、阻碍依法检查。此外，《意见》第10条第15项规定了"其他需要从重处理的情形"的兜底条款。对兜底条款的适用要严格解释，对于实践中较多的有其他犯罪前科的，一般不作为醉驾的从重处理情节。在缓刑考验期、取保候审等期间醉酒驾驶的，一般也不作为醉驾入罪考量中的从重情节。

（二）关于从宽处理情节

"2013年意见"无从宽处理情节的规定，《意见》规定了4项从宽处理情节，包括坦白、自首、立功、自愿认罪认罚、造成交通事故后赔偿损失或者取得谅解以及其他需要从宽处理的情节等。

1.关于造成交通事故，赔偿损失或者取得谅解的从宽处理情节。这里有两个问题需要明确，一是赔偿损失和取得谅解属于并列关系。如果行为人充分赔偿了损失，即使被害方未明确表示谅解，未出具谅解书或者达成和解协议，也不影响对犯罪嫌疑人、被告人从宽处理；如果行为人有赔偿意愿但是没有能力赔偿损失或者无法充分赔偿，但是被害方也表示谅解的，同样可以对犯罪嫌疑人、被告人从宽处理。如果在赔偿损失的同时也取得谅解，理所当然应当从宽处理。二是从宽处理的幅度。对于血液酒精含量相对较低，醉驾仅造成轻微财损或者轻微人身损伤（如磕破皮之类）的案件，如果行为人赔偿损失，双方达成和解、谅解，没有其他从重处理情节的，可以从宽处理，至于从宽到什么程度，需要综合考虑醉酒程度、机动车类型、道路情况、行驶时间、速度等因素，作出判断。

2.关于其他需要从宽处理的情节。这一兜底条款主要涵盖具有《刑法》《刑事诉讼法》以及相关司法解释、司法解释性质文件中规定的从宽处理情节的案件以及虽然没有明文规定，但是酌情从宽符合法理情，处理效果更好的案件。比如《刑法》中的未成年犯、中止犯，《刑事诉讼法》第182条规定的"涉及国家重大利益"的案件，以及司法实践中运用较多的一贯表现良好、初犯、偶犯、认罪悔罪态度较好等酌定从宽情节。

3. 关于同时具有从重和从宽处理情节处理的问题。这种情况在任何刑事案件处理中都会遇到，醉驾案件也不例外。关键是依据《刑法》《刑事诉讼法》以及"两高"量刑指导意见等规定所确定的量刑和处罚原则，实事求是、依法处理，做到罪责刑相适应和案件处理的"三个效果"统一。既不能因为只要有从重处理情节，即使有多项从宽处罚情节，也不体现从宽；也不能认为醉驾本身属于轻罪，搞"普遍从宽"。要综合两方面情节后，作出"总体上从宽"还是"总体上从严"的判断和处理。总之，即使是轻罪，也要区分犯罪情节恶劣或者严重，以及犯罪情节轻微或者犯罪情节较轻，做到区别处理、实现个案公正。

（三）关于情节显著轻微的认定和处理

《意见》第12条规定，具有五种情形之一，且不具有《意见》规定的从重处理情形的，可以认定为情节显著轻微、危害不大，依照《刑法》第13条、《刑事诉讼法》第16条的规定，分别作出不立案、撤销案件、不起诉或者判决无罪的处理。

1. 关于血液酒精含量不满150毫克/100毫升的案件。如果血液酒精含量达到了80毫克/100毫升，但不满150毫克/100毫升，而且不存在《意见》第10条规定的十五种从重处理情形，可以认为属于情节显著轻微、危害不大。按照《意见》第4条第1款规定，公安机关就可以不予立案，已经立案的，应当作出撤销案件处理。

2. 关于出于急救伤病人员等紧急情况驾驶机动车的案件。在实践中发生了不少出于急救伤病人员等紧急情况醉酒驾驶机动车的情形，该类案件如何处理，有一定争议。研究认为，如果确实属于《刑法》第21条规定的紧急避险的，则不负刑事责任。在认定是否构成紧急避险时，要从是否存在正在发生的危险、是否不得已才损害另一法益、是否有避险意图、避险是否超过必要限度等方面进行审查。比如在偏远地区，因为亲友等人员突发严重疾病急需救治，身边一时难以找到符合条件的驾驶人员或者呼叫救护车耗时过长可能影响救治，不得已在饮酒后驾驶机动车，后在路途中被查获的，可以认定为紧急避险。还比如在城市等地区，深夜时段家人等突发需要送医的严重疾病或者紧急分娩，一时无法呼叫到救护车，也无法找到代驾等人帮忙的情况下，不得已开车送医或者买药、寻找医生的，也可以认定为紧急避险。

在有些情况下，危险并不紧迫或者行为人有其他避险的可能但并未采取其他方式（比如可能叫到代驾或者救护车）的情况下醉驾的，依法不属于紧急避险，但是考虑到行为人在情急之下无法作出理性选择，如果醉驾行为也未导致事故等后果，认定为情节显著轻微、危害不大，更加符合法理情，在处理效果上也更好。需要注意的是，实践中以这一理由提出辩解的情况也较多，需要公安司法机关更加全面的收集、审查证据，切实做到不枉不纵，防止该款被滥用。

3. 关于特殊情况下短距离驾驶机动车的案件。《意见》明确，在居民小区、停车场等场所因挪车、停车入位等短距离驾驶机动车；由他人驾驶至居民小区、停车场等场所后短距离接替驾驶停放机动车的，或者为了交由他人驾驶，自居民小区、停车场等场所短距离驶出的，没有从重处理情节的，可以认为是情节显著轻微、危害不大。关于"短距离驾驶"中到底多远属于"短距离"，不能一概而论，重要的是按照主客观相一致原则，查明驾驶的目的、动机是不是确实是为了挪车、停放车辆、交接车辆等以及实际驾驶的远近。比如不是为了与代驾人员交接车辆，而是为了节省代驾费用，在距离目的地较远的位置就开始自己驾驶的，就不属于情节显著轻微的情形；而有的小区等场所因为空间较大或者没有固定车位，需要驾驶较长距离交接车辆、寻找车位的，也可以认定为情节显著轻微。

《意见》对情节显著轻微规定了一个"其他情节显著轻微的情形"的兜底条款。主要考虑是现实生活中的情况确实十分复杂，无论《意见》如何细化，都可能有不周全之处，确实发生了入罪十分不合理的情况，由执法司法人员根据个案的具体情况适用但书出罪更符合司法规律，但是总体上也要从严把握，不能随意开口子。

（四）关于犯罪情节轻微的认定和处理

《意见》第13条规定，对公安机关移送审查起诉的醉驾案件，人民检察院综合考虑犯罪嫌疑人驾驶的动机和目的、醉酒程度、机动车类型、道路情况、行驶时间、速度、距离以及认罪悔罪表现等因素，认为属于犯罪情节轻微的，依照《刑法》第37条、《刑事诉讼法》第177条第2款的规定处理。该条规定了检察机关适用相对不起诉的标准，是较为原则性的规定。要从以下几个方面正确理解和把握该条规定。

适用该条要综合考虑《意见》确定的立案和量刑标准，总体上要从严把握。公安机关移送检察机关审查起诉的案件主要是血液酒精含量150毫克/100毫升以上以及血液酒精含量不满150毫克/100毫升但有从重处理情节的案件，移送审查起诉的案件是相对严重的醉驾案件。而《意见》确定的缓刑标准相较《意见》出台前的司法实践要更为严格，比如血液酒精含量180毫克/100毫升以上，一般不适用缓刑。所以，在现行规定下，检察机关依法运用不起诉裁量权的空间相对较小，应当根据《刑事诉讼法》第177条第2款的规定，从严把握不起诉的条件。

虽然公安机关移送的案件总体上相较于《意见》实施前的标准，属于相对严重的醉驾行为，但是在这些案件中也会存在犯罪情节上的轻重之分，尽管较《意见》出台之前客观上会大大减少。根据《意见》

所提到的"驾驶的动机和目的""醉酒程度""机动车类型""道路情况""行驶时间、速度、距离""认罪悔罪表现等因素",可以进一步区分出情节轻微、情节严重的情形。比如考虑到对公共安全造成的风险有差别,醉酒驾驶摩托车的起诉标准应该区别于汽车;在深夜的乡间、郊区人车稀少的道路驾驶且车速不快,仅是为了回家从村东头开到村西头驾驶距离不长;等等。总之,要注意区分情形,而且要"一碗水端平",确保平等适用法律。

(五)关于缓刑的标准

醉驾案件虽然从法定刑上看属于微罪,但是并不能等同于认为所有的醉驾案件都符合《刑法》第72条第1款规定的缓刑适用的条件中"犯罪情节较轻"的规定。即使是轻微犯罪,"犯罪情节"也有"轻""重"之分,要立足该罪的特点区分"轻""重",尤其是作为常见多发的日常犯罪,要通过判处实刑的方式强化一般预防。

《意见》第14条规定了10项一般不得适用缓刑的情形。具体标准设定上,一是突出惩治实害犯。规定造成交通事故致他人轻伤或者轻微伤,且负事故全部或者主要责任;造成交通事故且负事故全部或者主要责任,未赔偿以及肇事后逃逸的,一般不适用缓刑。二是突出惩治危险系数高的醉驾行为。对血液酒精含量超过180毫克/100毫升,未取得机动车驾驶证驾驶汽车,毒驾、药驾的,一般不适用缓刑。未取得驾驶证驾驶汽车的,一般可以认为行为人未经过严格的驾驶技能培训,其醉酒驾驶的危险性相较于有驾驶证的人要高,毒驾、药驾加剧了酒驾的危险性,也应当体现从重。三是突出惩治人身危险性大的行为人。对采取暴力手段抗拒公安机关依法检查,或者实施妨害司法行为;5年内曾因饮酒后驾驶机动车被查获或者受过行政处罚以及曾因危险驾驶行为被判决有罪或者作相对不起诉,一般不适用缓刑。"暴力手段抗拒公安机关依法检查"中的"暴力手段"主要包括驾车冲卡、殴打执法民警等手段拒绝、阻碍检查，但尚未达到构成犯罪的程度。《意见》还规定了一般不得判处缓刑的兜底条款，即"其他情节恶劣的情形"，由司法机关在实践中具体把握。与第 10 条其他从重处理情节的兜底条款一样，一般不得适用缓刑的兜底条款在适用时总体上也要慎重把握，不宜随意扩大不得适用缓刑的情节。

（六）关于罚金的标准

危险驾驶案件量刑要求并处罚金，在实践中对罚金的判罚标准非常不统一，比如有的发达地区判处罚金仅 2000 元、3000 元，而有的经济相对落后地区，不考虑当事人缴纳罚金的能力，动辄判罚上万元的罚金。罚金作为一种刑罚，既要依法提出建议和依法判处，又要做到罪责相适应，体现公正性。最高人民法院《关于适用财产刑若干问题的规定》第 2 条第 1 款规定，人民法院应当根据犯罪情节，如违法所得数额、造成损失的大小等，并综合考虑犯罪分子缴纳罚金的能力，依法判处罚金。《刑法》没有明确规定罚金数额标准的，罚金的最低数额不能少于 1000 元。《意见》第 15 条规定，对醉驾被告人判处罚金，应当根据醉驾行为、实际损害后果等犯罪情节，综合考虑被告人缴纳罚金的能力，确定与主刑相适应的罚金数额。起刑点一般不应低于《道路交通安全法》规定的饮酒后驾驶机动车相应情形的罚款数额；每增加一个月拘役，增加 1000 元至 5000 元罚金。

醉驾案件判处罚金要把握几点：一是罚金数额要与行为及后果的严重程度相当。行为及后果越严重，罚金越高，体现罪责刑相适应。从这个角度讲，醉驾罚金的起刑点不能低于酒驾的相应情形的罚款数额。如《道路交通安全法》对饮酒后驾驶一般处 1000 元以上 2000 元以下罚款，饮酒驾驶营运机动车的处 5000 元罚款，那么对于醉酒驾驶的罚金，一般而言不应当低于上述罚款标准。同时，《意见》规定，每增加一个月拘役，增加1000元至5000元罚金。之所以设置增加罚金刑的上限，也是为了防止过度判罚。二是罚金数额要与被告人缴纳罚金的能力相当。过高的与被告人缴纳罚金能力不匹配的罚金既得不到执行、造成"空判"，也可能过分加重行为人负担，导致行为人内心不认同、不接受，无法实现认罪服判。

以上关于缓刑和罚金刑的规定，要求检察机关在提出量刑建议时要准确把握，原则上应当提出确定刑的量刑建议。

（七）关于醉驾案件中的罪数认定

我国刑法关于醉驾治理的罪名体系既包括危险驾驶罪这一轻罪，也包括交通肇事罪、以危险方法危害公共安全罪等更严重的罪名，在醉驾案件办理中要统筹考虑。《意见》第16条第1款规定，醉驾同时构成交通肇事罪、过失以危险方法危害公共安全罪、以危险方法危害公共安全罪等其他犯罪的，依照处罚较重的规定定罪，依法从严追究刑事责任。所谓"依法从严追究刑事责任"就是要求在刑事政策把握上要从严，如对醉驾构成交通肇事罪的，一般不宜做不起诉处理，致人死亡的，一般不宜提出缓刑量刑建议。

《意见》第16条第2款规定，醉酒驾驶机动车，以暴力、威胁方法阻碍公安机关依法检查，又构成妨害公务罪、袭警罪等其他犯罪的，依照数罪并罚的规定处罚。该款在"2013年意见"中就有规定，此次修改根据《刑法》修改情况，增加了"袭警罪"。需要说明的是，如果阻碍公安机关依法检查的行为构成袭警罪或妨害公务罪等犯罪，就不应该再将该行为作为醉驾的从重处理情节，如果排除该情节，醉驾行为不构成危险驾驶罪的，就不能按照犯罪处理。如果仅以袭警罪或妨害公务罪等犯罪处理，要依法提起公诉，从严追究刑事责任。

（八）关于自动投案的认定

在司法实践中，对于醉酒驾驶案件现场查获后经允许离开，再由办案机关通过电话传唤到案，犯罪嫌疑人如实供述犯罪事实的，是否认定为自动投案，进而是否认定为自首，争议较大，各地处理不一致。经研究后，《意见》第17条规定，犯罪嫌疑人醉驾被现场查获后，经允许离开，再经公安机关通知到案或者主动到案，不认定为自动投案；造成交通事故后保护现场、抢救伤者，向公安机关报告并配合调查的，应当认定为自动投案。

相关情形不认定为自动投案和自首的主要考虑是：一是该种情况不符合"自动投案"的条件。把握该问题的关键在于如何理解"自动投案"中的"投案"，自首中的自动投案应当指的是"案发后第一次到案"，也就是限于第一次被办案机关控制时的形态。如果第一次到案是行为人主动、自愿、直接置于办案机关控制下，即属于自动投案。在设卡查处等现场查处醉驾中，行为人停车接受检查，接受呼气检测和采集血液（属于行政强制措施和侦查措施），被约束至酒醒，行为人本身已经处于办案机关控制之下，而这完全是基于查处行为被迫被置于办案机关控制之下，不属于主动、自愿和直接置于办案机关控制之下，因此不属于"自动投案"，不符合自首中自动投案的要件。二是不符合自首的立法精神。自首的价值在于鼓励、促使行为人悔过自新，也能减少执法司法资源损耗，提升司法效率，促进司法公正。在公安机关设卡查处醉酒驾驶机动车案件中，通过投入资源设置卡口、路障、拦停、呼气检测的方式，行为人是被迫而非主动接受查处，行为人到案的过程既没有减少司法资源损耗，也不能反映行为人有悔过自新的意思，因此认定为自首也不符合自首的价值功能。

当然，对于造成交通事故后保护现场、抢救伤者，向公安机关报告并配合调查的，因为其不是现场查获，行为人尚不处于被控制状态，也未选择逃跑，主动向公安机关报告并配合调查的，属于主动、自愿置于办案机关控制之下，应当认定为自动投案。

（九）关于自愿参与公益服务等问题

《意见》第18条规定，对根据《意见》第12条第1款、第13条、第14条处理的案件，可以将犯罪嫌疑人、被告人自愿接受安全驾驶教育、从事交通志愿服务、社区公益服务等情况作为作出相关处理的考量因素。

准确把握该款规定，要注意以下几点：一是社会公益服务主要适用于情节显著轻微、情节轻微、定罪免刑以及判处缓刑的案件。二是犯罪嫌疑人、被告人自愿参与的活动主要包括接受安全驾驶教育、从事交通志愿服务、社区公益服务。其中，接受安全驾驶教育，主要是指在办案机关等部门的安排下学习交通安全法规并测试、观看警示教育片等，有的地方安排行为人观摩交通类案件庭审、交通事故急救现场等也是可取的方式。交通志愿服务和社区公益服务主要是在公安交管部门、社区等基层组织、社会公益机构的安排下从事道路秩序维护、协管、交通安全宣传以及社区敬老、环境维护等公益活动。三是参与社区公益活动等必须是行为人的自愿行为。需要注意的是，行为人参加这些活动并不是对行为人的惩戒、惩罚。办案机关在办理案件中应当向行为人讲明办案机关作出相应处理主要考虑的因素，说明行为人可以通过自愿从事公益服务等接受考察，由行为人自己选择是否参与。四是行为人从事公益服务的表现等情况是作出相应处理的考量因素。所谓的"考量因素"的依据是《刑法》《刑事诉讼法》等规定作出撤销案件、相对不起诉或者缓刑判决时考量的内容，主要通过上述行为考察行为人的"认错悔过""认罪悔罪""悔罪表现"等，这些情况是作出相应处理的依据之一。如果行为人在自愿从事交通志愿服务期间，不服从工作安排、迟到早退、表现懒散以及有其他不良表现的，可以认为行为人的规则意识差、悔错悔罪意识不强，作为《意见》第12条第1款、第13条、第14条规定的"综合考虑"的因素，对其不适用撤销案件、不起诉或者判处缓刑（判决免予刑事处罚）的处理。

（十）非刑罚措施

为了强化对被不起诉人、免予刑事处罚人的教育惩戒，《意见》第19条规定，对犯罪嫌疑人、被告人决定不起诉或者免予刑事处罚的，可以根据案件的不同情况，予以训诫或者责令具结悔过、赔礼道歉、赔偿损失，需要给予行政处罚、处分的，移送有关主管机关处理。该条规定主要依据是《刑法》第37条和《刑事诉讼法》第177条第3款、《人民检察院刑事诉讼规则》第373条等规定。

对撤销案件、不起诉、免予刑事处罚的醉驾案件，能否以及应当予以何种行政处罚，实践中一直存有争议。根据《意见》第20条第1款规定，醉驾属于严重的饮酒后驾驶机动车行为。血液酒精含量达到80毫克/100毫升以上，公安机关应当在决定不予立案、撤销案件或者移送审查起诉前，给予行为人吊销机动车驾驶证行政处罚。对于公安机关适用但书不立案的案件，公安机关还应当按照道路交通安全法规定的饮酒后驾驶机动车相应情形，给予行为人罚款、行政拘留的行政处罚。即公安机关在办理醉驾案件时，必须吊销行为人机动车驾驶证，然后对于其自身撤销或者不予立案的醉驾案件，按照酒驾的相应处罚规定予以行政处罚。《道路交通安全法》第91条对饮酒后驾驶机动车，根据不同情形，规定了罚款、行政拘留（二次酒驾、酒后驾驶营运机动车）等处罚。如果是首次醉驾，给予罚款；如果是二次醉驾或者之前有过一次酒驾记录，则应当并处罚款和行政拘留。如果是醉酒驾驶营运机动车的，也应当并处罚款和行政拘留。

《意见》第 20 条第 2 款规定，人民法院、人民检察院适用但书不起诉、判决无罪或者相对不起诉、免予刑事处罚的案件，对被不起诉人、被告人需要予以行政处罚的，应当提出检察意见或者司法建议，移送公安机关依照前款规定处理。公安机关应当将处理情况通报人民法院、人民检察院。对于该类案件，在后续司法程序处理完后，公安机关根据人民检察院、人民法院的意见或者建议，给予行为人相应的行政处罚。这里需要说明的是，具体给予何种行政处罚措施，要根据案件的具体情况而定。比如，行为人已经被先行刑事拘留，即使按照《道路交通安全法》可以予以行政拘留，也没有必要再建议公安机关予以行政拘留处罚，仅建议予以罚款处罚即可。

五、关于办案程序

《意见》第 21 条至第 26 条规定了醉驾案件快速办理的相关程序规则。

（一）关于快速办理机制的案件适用范围

《意见》第 22 条明确了快速办理机制适用案件范围，即具有下列情形的醉驾案件，一般应当适用快速办理机制：现场查获，未造成交通事故的；事实清楚，证据确实、充分，法律适用没有争议的；犯罪嫌疑人、被告人自愿认罪认罚的；不具有《刑事诉讼法》第 223 条规定情形（不适用速裁程序的情形）的。按照该条规定，对需要进行事故认定、人伤财损鉴定、矛盾化解等相对复杂、争议较大、耗时相对较长的案件可以不适用快速办理机制，按照正常程序办理，没有上述特殊情形的，原则上都适用快速办理机制。

（二）关于快速办理机制的办案期限

《意见》第 23 条规定，公检法机关一般应当在立案侦查之日起 30 日内完成侦、诉、审工作。按照《刑事诉讼法》有关规定，适用速裁的案件，审查起诉期限一般为 10 日，审理期限一般为 10 日。这里的 30 日是适用快速办理机制的最长办案期限，地方公安司法机关可以根据本地的实际情况，确定侦、诉、审各阶段的办案时长。此外，最长办案期限主要适用于需要提起公诉的案件，对于要撤销案件、相对不起诉的案件，考虑到要从事社会公益服务、内部审批审核、检察听证等程序，为了确保效果，则可以根据实际情况不受快速办理机制确定的期限的限制。

（三）关于简化办案手续和文书

提高办案效率，有必要配套简化办案流程和文书，减轻一线办案人员的工作负担。

1. 关于换保的问题。《意见》第 24 条规定，案件移送至审查起诉或者审判阶段时，取保候审期限尚未届满且符合取保候审条件的，受案机关可以不再重新作出取保候审决定。由公安机关继续执行原取保候审措施。当然，如果在法定期限内无法办结的，后一办案机关应当及时办理新的取保候审手续。

2. 关于社会调查评估的问题。《意见》第 25 条规定，对醉驾被告人拟提出缓刑量刑建议或者宣告缓刑的，一般可以不进行调查评估。确有必要的，应当及时委托社区矫正机构或者有关社会组织进行调查评估。受委托方应当及时向委托机关提供调查评估结果。当然，对于被告人背景情况复杂、有前科劣迹的，则有必要按照相关规定进行调查评估，以进一步确定判处缓刑和进行社区矫正是否适当。

3. 关于文书简化等问题。近年来，不少地区为了提升轻微犯罪的办案效率，探索了表格式、要素式的起诉意见书、审查报告、起诉书、判决书等法律文书，《意见》第26条第1款予以认可和吸收。此外，为了加快案件流转，《意见》第26条第2款规定，具备条件的地区，可以通过一体化的网上办案平台流转、送达电子卷宗、法律文书等，实现案件线上办理。该款系鼓励性的规定，各地可以结合本地实际细化落实。

六、关于综合治理

为落实综合治理、源头治理的要求，《意见》第27条至第29条分别从普法宣传、协同治理和教育改造等方面对办案机关以及其他单位加强醉驾综合治理提出要求。

（一）加强普法宣传

公检法司机关应当积极落实普法责任制，加强道路交通安全法治宣传教育，广泛开展普法进机关、进乡村、进社区、进学校、进企业、进单位、进网络工作，引导社会公众培养规则意识，养成守法习惯。这方面可以采取的举措包括现场宣讲、投放公益广告、张贴警示标语、放置警示桌牌等方式，确保"喝酒不开车，开车不喝酒"的观念进一步深入人心。

（二）加强协同治理

公安司法机关仅仅是醉驾治理的一个环节、一个方面，如果要更好地治理醉驾，需要全社会共同努力，公检法司机关应当结合自身职能，尤其是司法办案，协同其他部门共同开展醉驾预防等工作。《意见》第28条规定，公检法司机关应当充分运用司法建议、检察建议、提示函等机制，督促有关部门、企事业单位，加强本单位人员教育管理，加大驾驶培训环节安全驾驶教育，规范代驾行业发展，加强餐饮、娱乐场所等涉酒场所管理，加大警示提醒力度。比如对醉驾案件高发的单位发出司法建议、检察建议、提示函等，督促相关单位加强本单位人员教育管理；建议餐饮、娱乐场所张贴警示标语、及时劝阻醉驾人员等。

（三）加强教育改造

针对醉驾再犯率逐年增加的问题，《意见》第 29 条规定，公安机关、司法行政机关应当根据醉驾服刑人员、社区矫正对象的具体情况，制定有针对性的教育改造、矫正方案，实现分类管理、个别化教育，增强其悔罪意识、法治观念，帮助其成为守法公民。比如，对有酒精依赖的服刑人员要有针对性地加强过量饮酒的危害的教育，安排从事一些社区公益服务，提升服刑人员的社会责任感等。